コンピュータ社会の基礎知識

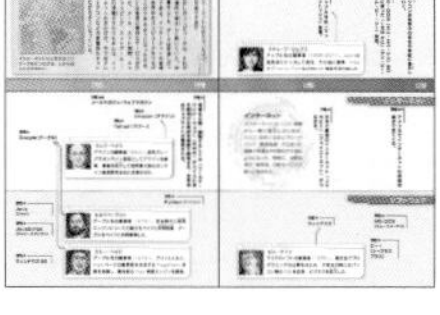

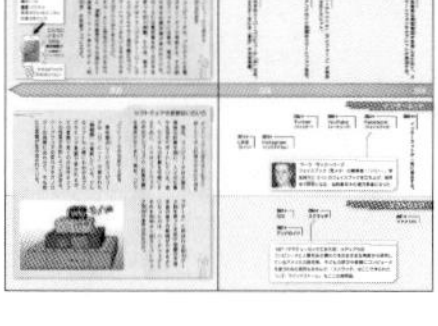

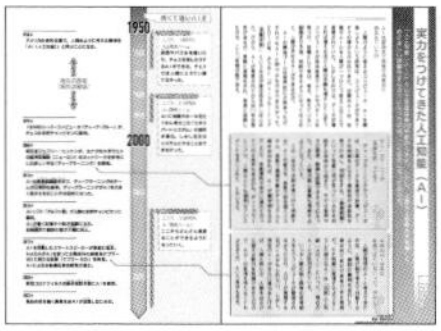

コンピュータ開発の歴史

およそ80年前に誕生《たんじょう》したコンピュータはみるみる小さくなって便利になった。インターネットやソフトウェアの進歩とともに大きく飛躍《ひやく》したのは、2000年前後だ。

ハードウェア（コンピュータ）

むかしむかし　アンティキテラ島の機械

1890年　アメリカの国勢調査で、大量のデータの統計《とうけい》にパンチカードシステムが使われた。

1904年　真空管《しんくうかん》が登場。これが最初の電子スイッチ。

コンピュータ

もともとは、電子計算機が実用化される以前の時代に軌道計算《きどうけいさん》などの複雑な計算を担当していた人間（計算手）を指す言葉だった。電子スイッチで動くデジタルコンピュータは、20世紀になってから登場した。

BC100　1900　1930

インターネット

アラン・チューリング

イギリスの数学者（1912-1954）。計算の可能性を研究して「チューリングマシン」の概念《がいねん》を提《てい》唱《しょう》した。ドイツのエニグマ暗号の解読でも有名。

ソフトウェア

ソフトウェア

コンピュータの内部で、処理を行うプログラムのこと。コンピュータの操作、運用を担《にな》うオペレーティングシステム（OS）やコンピュータに特定の機能を持たせるアプリケーションもソフトウェアに含《ふく》まれる。

1936年 アラン・チューリングが「チューリングマシン」でコンピュータの原理を提案《ていあん》。

1942年 真空管を使った「アタナソフ・ベリー・コンピュータ（ABC）」が開発される。
※これが世界初といわれることがある

1945年 ジョン・フォン・ノイマンがプログラムを記憶させる「ノイマン型コンピュータ」でコンピュータの原型を作る。

1946年 「ENIAC」（エニアック）が完成。
※これが世界初といわれることが多い

1947年 半導体《はんどうたい》を使った小型スイッチのトランジスタが登場。

1958年 トランジスタなどの電子部品を小さな基板にまとめた集積回路《しゅうせきかいろ》（IC）が登場。

1964年 世界初のスーパーコンピュータ「CDC6600」開発。当時の最速のマシンの3倍の性能を発揮した。

1971年 コンピュータの頭脳《ずのう》になるCPU（シー・ピー・ユー：中央演算処理装置《えんざんしょりそうち》）に使われるマイクロプロセッサが誕生。

1977年 最初のパーソナルコンピュータ（パソコン）、アップル社の「AppleII」（アップルツー）発売。

1940　1950　1960　1970

ジョン・フォン・ノイマン
アメリカの数学者（1903-1957）。アインシュタインが「人類最高の知性」と称賛《しょうさん》した天才。計算理論を使って現代科学の基礎《きそ》を作った。

グレース・ホッパー
アメリカの計算機科学者（1906-1992）。人の言葉（英語）の感覚でプログラミングできる言語「COBOL」を発明。

1940年代 「ノイマン型コンピュータ」の登場で人がわかりやすいコンピュータ言語が必要になる。

1950年代後半～1960年代 使いやすいプログラミング言語が開発される。

1954年 FORTRAN（フォートラン）

1959年 COBOL（コボル）

1964年 BASIC（ベーシック）

1969年 OS（オペレーティングシステム）「UNIX」（ユニックス）が誕生。ハードウェアとソフトウェアが別々に開発されるようになる。

1972年 C言語（シー言語）

ハードウェア（コンピュータ）

1980年代
パソコンが世界中の会社や家庭に普及《ふきゅう》していく。

1981年
MS-DOS（エム・エス・ドス）をOSに使った「IBM PC」（アイ・ビー・エム・ピー・シー）発売。

1984年
アップル社の「マッキントッシュ」登場。

スティーブ・ジョブズ
アップル社の創業者《そうぎょうしゃ》（1955-2011）。AppleⅡ発売後にケンカして退社。その後に復帰、iMacやiPhone、iPadなどのヒット商品を送り出した。

1980 — 1985

インターネット

1980年代
アメリカでインターネットの接続技術ができてくる。

1984年
日本で最初のインターネット「JUNET」（ジェイユーネット）がつながる。

インターネット

インターネットは1995年頃から一般に普及《ふきゅう》しはじめる。2000年代になるとブロードバンド（高速回線）が広まって確実で快適《かいてき》なやり取りができるようになった。同時に、世界各地で〝世界初〟の新サービスが続々と生まれた。

ソフトウェア

1981年
MS-DOS
（エム・エス・ドス）

1982年
C++
（シープラスプラス）

1985年
ウィンドウズ

ビル・ゲイツ
マイクロソフトの創業者（1955-）。高校生でプログラミングの仕事をはじめ、大学生の時にはパソコン用のOSを改良、ビジネスを拡大《かくだい》した。

つながる世界のコンピュータ

インターネットの歴史はつなげて便利を増やす歴史

むかしのコンピュータは、それぞれの場所で独立《どくりつ》して動いていた。何か仕事をしても、データは手渡しだったのである。インターネットの登場で、世界中のコンピュータをつなげることができるようになったため、世界には急速に便利なサービスが広がった。メール、ネット検索《けんさく》、ネットショッピング、ネットゲーム……動画の視聴《しちょう》やSNSもみんな、インターネットのおかげだ。今ではテレビやエアコンなどの家電品もネットにつながるようになっている。

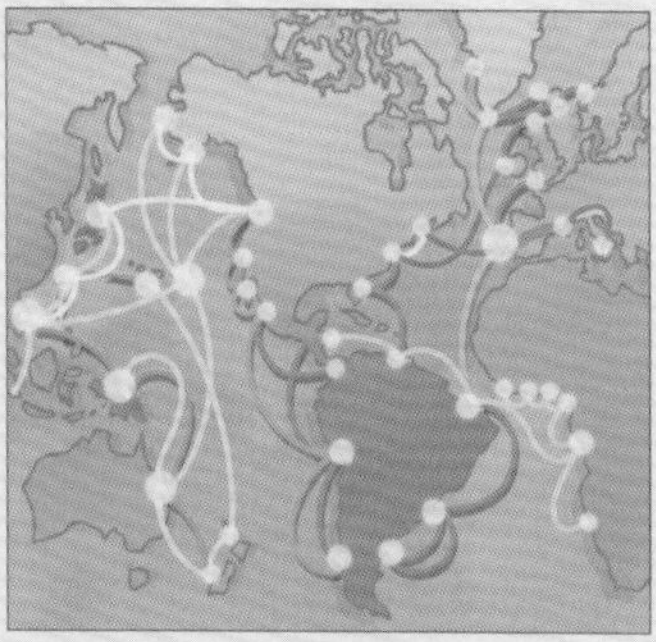

インターネットの主要部は太いケーブルでつながる。しかもほとんどが海の中！

1990　1995

1990年
情報を公開・閲覧《えつらん》するしくみ「ワールド・ワイド・ウェブ」（WWW）がスイスにある欧州《おうしゅう》の合同研究機関で開発され、世界初のウェブサイトが構築される。

1991年
Python（パイソン）

1993年
Amazon（アマゾン）

1994年
Yahoo!（ヤフー！）

1995年頃
メールマガジン／ウェブマガジン

1995年
Java
（ジャバ）

1995年
JavaScript
（ジャバ・スクリプト）

1995年
ウィンドウズ 95

1998年
Google(グーグル)

ジェフ・ベゾス
アマゾンの創業者(1964-)。自宅ガレージでオンライン書店としてアマゾンを創業、事業を拡大《かくだい》して世界最大級のオンライン通信販売会社に成長させた。

セルゲイ・ブリン
グーグル社の創業者（1973-）。学生時代に検索《けんさく》エンジンについての論文をペイジと共同執筆《きょうどうしっぴつ》、グーグルをペイジと共同創業した。

ラリー・ペイジ
グーグル社の創業者（1973-）。ブリンとともに、Web ページの重要度を決定する PageRank 技術を発明し、高性能な Web 検索エンジンを開発。

ハードウェア（コンピュータ）

2000年代
高機能な携帯電話《けいたいでんわ》が登場しはじめて、スマートフォンやタブレットが普及《ふきゅう》する。

2007年
「iPhone」（アイフォーン）が発売されて大ヒット。

2008年
アンドロイド搭載《とうさい》のスマートフォン発売。

2012年
日本のスーパーコンピュータ「京《けい》」完成。2021年には「富岳《ふがく》」が本格稼働《ほんかくかどう》。

2000

2010

インターネット

2000年代
インターネットが一気に普及する。

2004年
Facebook
（フェイスブック）

2005年
YouTube
（ユーチューブ）

2006年
Twitter
（ツイッター）

2010年
Instagram
（インスタグラム）

2011年
LINE
（ライン）

マーク・ザッカーバーグ
フェイスブック（現メタ）の創業者（1984-）。学生時代にSNSのフェイスブックを立ち上げ、世界中で評判《ひょうばん》となる。当時最年少の億万長者になった。

ソフトウェア

2001年
マックOS

2006年
スクラッチ

2007年
iOS

2007年
アンドロイド

MIT（マサチューセッツ工科大学）メディアラボ
コンピュータと人間社会の関わりをさまざまな角度から研究しているアメリカの研究所。子どもの学びや教育にコンピュータを使うための研究もさかんで、「スクラッチ」はここで作られた。「レゴ・マインドストーム」もここの発明品。

こんなに小さくなった！

コンピュータの歴史は小型化《こがたか》の歴史

コンピュータは、プログラムを電流のオン／オフで理解する。その回路のスイッチには最初、電球くらいの大きさの真空管《しんくうかん》が使われていた。ENIACは真空管を約1万8千本も使った巨大装置《きょだいそうち》。その後、電子スイッチはトランジスタ→IC→LSIとどんどん小さく高性能になって、スマートフォンみたいな手のひらサイズのマシンができるように。

ENIACと現在のスマホを比べると、演算《えんざん》の性能差は7千万倍以上！　消費電力1ワットあたりだと〝約2兆《ちょう》倍〟の性能アップなのだ。

ENIACのサイズ
幅：30m
高さ：2.5m
奥行：1m
重量：30トン
倉庫《そうこ》みたいなところに設置されていた

2020

ソフトウェアの役割はいろいろ

ソフトウェアの歴史はどれだけ速くたくさん計算させるかの歴史

現在、コンピュータは大量の複雑な計算を担《にな》い、人々の仕事や生活をサポートしている。速く、たくさんの計算を可能にするために、人々はソフトウェアの中のアルゴリズム（計算手順）を進歩させてきた。現在、「ビッグデータ」と呼《よ》ばれる巨大《きょだい》データ群《ぐん》を使って天気や地震《じしん》の予測、宇宙の様子の解明ができるようになったのは、ハードウェアとそれを効率《こうりつ》よく扱《あつか》うソフトウェア双方《そうほう》の進歩のおかげだ。

コンピュータが理解する言葉

現在普及《ふきゅう》しているコンピュータは「0」と「1」で書かれた「機械語《きかいご》」で理解している。どんなソフトも人間にもわかるプログラミング言語で書かれるが、どの言語で書くのかは作るソフトの性質や目的によって決まる。ハードウェアの変化やテクノロジーの発展に合わせて、今も新たな言語が生み出されている。

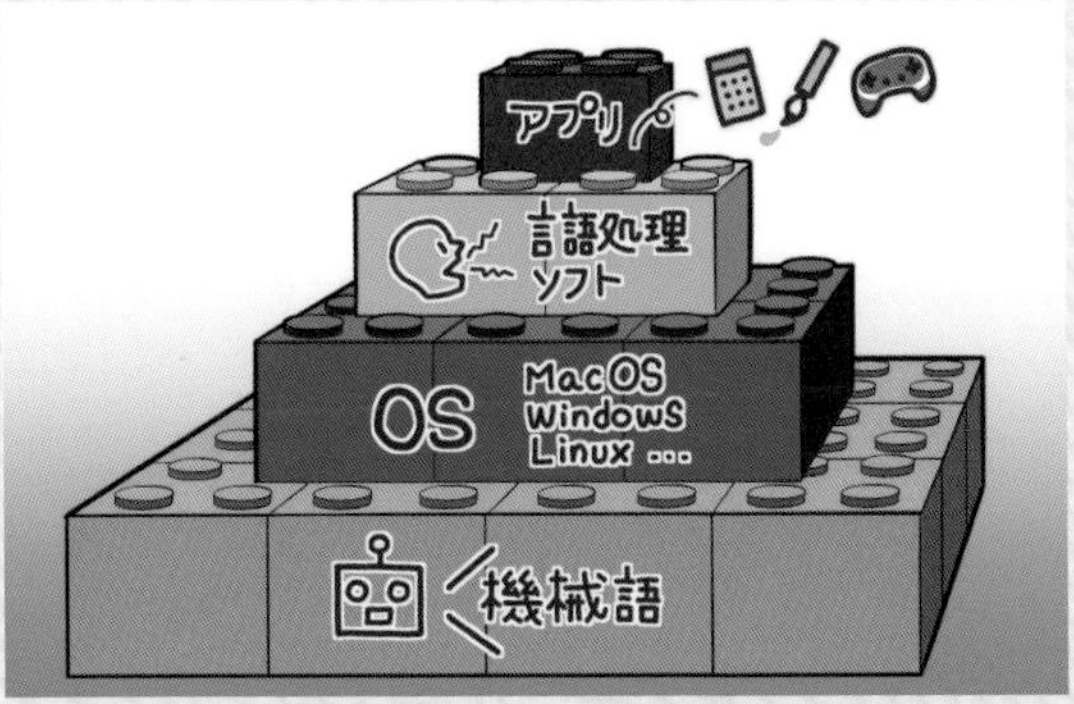

実力をつけてきた人工知能（ＡＩ）

「人工知能（ＡＩ）」という言葉は約70年前からある。しかし、人間以上の能力を発揮《はっき》してめざましい活躍《かつやく》をするようになったのは、ごく最近になってからだ。

ＡＩは最近まで実現不可能だと思われていた!?

人間のように考えるコンピュータ、ＡＩを開発しようという研究は、コンピュータができてすぐの頃から行われてきた。初期のＡＩは、知識やルールを人間が一つひとつ教えこむことで実現されていた。しかしそれでは、データが増えれば増えるほど人間の手間も増大してしまう。コンピュータが自分自身でルールやパターンを見つけ、知識として学び、考え、教えていない範囲《はんい》まで予測、判断できるようになってはじめて、人間が求めるＡＩができるのだ。

ＡＩの開発ブームは世界的に2回あったが、それでもＡＩと呼《よ》べるものはできなかった。２０１２年、ようやく「ディープラーニング（深層学習《しんそうがくしゅう》）」という方法が優位性を示しはじめた。だから、ＡＩが考案されてからは70年の歴史があるが、実際に実用化され、急速に発展したのは、ここ10年程の話である。

ディープラーニング（深層学習）って何?

ディープラーニングでコンピュータは、大量のデータを高速で計算、データの特徴《とくちょう》をとらえて規則性や法則性を見つけ出し、判断《はんだん》をする。「画像認識《がぞうにんしき》」といって写真に何が写っているかを判断する技術から始まり、今では音声や３Ｄ画像、動画も認識できるようになった。また、人間の話し言葉も理解するようになっている。

この「自分で法則を見つけて判断する」ＡＩの能力を、自動で絵を描くシステム、自動で機械を動かすシステムと組み合わせれば、ＡＩが創作物《そうさくぶつ》を生みだしたり、自動運転で旅行に連れて行ってくれる未来もあるかも。ディープラーニングで、人間はとても優秀《ゆうしゅう》なアシスタントを手に入れた、ともいえる。

本物のＡＩはまだ実現できていないって、ほんと?

人間が理想のＡＩと考えてきたのは、人間が脳《のう》で考えて行動するように、複数《ふくすう》の事柄《ことがら》を並行して、複合的に自分で思考できる機械だ。ＳＦ映画に登場するようなこうした強力なＡＩは「汎用《はんよう》人工知能（ＡＧＩ）」といって、現在のＡＩとは区別されている。

いつか人間の脳と同等の思考能力をもつコンピュータが開発されるようになり、ＡＧＩが実現する日がくるかもしれない。しかし、現在のＡＩがさらに進化をとげれば、人間と同じか、人間をはるかに超える能力を発揮できそうなので、ＡＧＩの登場を待たなくてもよさそうだ、という見方もある。

長くて短いＡＩ史

1950

1956年
アメリカの研究会議で、人間のように考える機械を「ＡＩ（人工知能）」と呼《よ》ぶことになる。

1950年代〜1960年代
ここで、１回目のＡＩ開発ブーム
迷路《めいろ》やパズルを解いたり、チェスを指したりするＡＩができる。チェスでは人間にとうてい勝てなかった。

1960

1970

空白の時期
（研究は継続）

1980

1980年代〜1990年代はじめ
ここで、２回目のＡＩ開発ブーム
ＡＩに知識やルールをたくさん教えこむ「エキスパートシステム」の研究が進む。しかし完全なシステムにすることはできなかった。

1990

1997年
ＩＢＭのスーパーコンピュータ「ディープ・ブルー」が、チェスの世界チャンピオンに勝利。

2000

2006年
研究者ジェフリー・ヒントンが、カナダの大学でヒトの脳神経細胞《のうしんけいさいぼう》（ニューロン）のネットワークを参考にした新しい手法「ディープラーニング」を開発。

2010

2012年
ＡＩの画像認識競技会《がぞうにんしききょうぎかい》で、ディープラーニングのチームが圧倒的《あっとうてき》な勝利。ディープラーニングがＡＩを大きく進歩させることが決定的になった。

2013年〜
ここで、３回目のＡＩ開発ブーム！
ここからどんどん高度なことができるようになっていく。

2016年
ＡＩソフト「アルファ碁《ご》」が人間の世界チャンピオンに勝利。
ＡＩが書く記事や小説が話題になる。
自動翻訳《じどうほんやく》で翻訳の質が大幅《おおはば》に向上《こうじょう》。

2017年
ＡＩを搭載《とうさい》したスマートスピーカーが家庭に普及《ふきゅう》。
ＮＡＳＡがＡＩを使って太陽系外の恒星系ケプラー90に新たな惑星《わくせい》「ケプラー90i」を発見。
ＡＩによる自動運転車の開発が進む。

2020

2020年
新型コロナウイルスの感染者数《かんせんしゃすう》予測《よそく》にＡＩを使用。

2022年
独自の絵を描く画像生成ＡＩが活躍《かつやく》しはじめる。

ロボット大活躍《だいかつやく》の未来

コンピュータが小さくなってAIでかしこくなると、ロボットが活躍する場面もぐんと広がる。

ロボットが身近にいる近未来ライフを見てみよう。

生活シーン

アシスタントロボット

日常《にちじょう》生活をサポートしてくれるお手伝いロボットや、相棒《あいぼう》や友だちになって遊んだり、相談にのってくれたりするロボット。AIとロボットの発達に伴《ともな》い、サポートはより細かく、手厚《てあつ》くなっていく。人の様子を見て提案《ていあん》をするので、体温や血圧によって「体調はいかがですか?」、天気予報によって「この上着を着ましょう」と対応、用意もしてくれる。

自動運転カー

AIが進化し、自動運転もエリアや機能をかぎって実現されてきているが、近未来の自動運転はもっとラクちんだ。陸《りく》・海・空を自由に行き来するタクシーをみんなが使えるようになって、事故や渋滞《じゅうたい》の心配は不要。運転の必要がないので、移動中に別の作業をすることもできる。観光も行きたい場所を入力するだけでOK。

どこでもドクター

ホームドクターがいつもそばにいるかのように、家族のデータを収《しゅう》集《しゅう》、体調管理もしてくれるロボット。異変があったら経験豊富《けいけんほうふ》な医師が問いかけをして、適切《てきせつ》な検査や処置をしてくれる。薬はドローンで配送されてくるから、めったに病院に出かける必要はない。病院内の手術はAI搭載《とうさい》の手術ロボットが高度な技術で医師をサポートしてくれる。

コンシュルジュ／シェフロボ

ネット注文とドローン配達だけでは物足りない、ワンランク上のリアル体験をしたい人のためのロボット。お店は無人だが、あらゆるリクエストに応えてくれるお世話係ロボットがいる。レストランには個人の健康状態をチェックしながら三つ星シェフの味を再現、提供《ていきょう》するロボットがいる。家庭にシェフロボがいれば、自宅で一流レストランの味を楽しむこともできる。

ロボットがいる

エンタメ／家庭教師ロボ

映画やコンサートもロボットと。VRで架《か》空《くう》の町や、人の立ち入れない深海《しんかい》や極地《きょくち》にも行くこともできるから、遠くに住む友だちとの大冒険《だいぼうけん》も可能だ。知識や情報はロボットまかせで大丈夫《だいじょうぶ》。学校の学習や宿題も、もちろんサポート。

かんたんロボット史

日本では江戸時代からからくり人形が、ヨーロッパでは18世紀から機械じかけの人形が作られていた

- **1961年** アメリカで産業用ロボットが開発されはじめる
- **1969年** 日本初の産業用ロボット登場
- **1973年** 二足歩行ロボット「WABOT-1」（早稲田《わせだ》大学）
- **1999年** 犬型おもちゃロボット「AIBO《アイボ》」（ソニー）
  手術支援《しゅじゅつしえん》ロボット「ダヴィンチ」（インテュイティヴ・サージカル社）
- **2000年** 人型ロボット「ASIMO《アシモ》」（ホンダ）
- **2002年** ロボット掃除機《そうじき》「ルンバ」（アイロボット社）
- **2005年** 四足歩行の軍用ロボット「ビッグドッグ」（ボストン・ダイナミクス社）
- **2008年** 装着型《そうちゃくがた》ロボットスーツ「HAL《ハル》」（サイバーダイン社）
- **2012年** 火星探査《かせいたんさ》ローバー「キュリオシティ」（NASA）
- **2021年** 火星探査ローバー「パーサヴィアランス」（NASA）

2000年くらいから生活に密着《みっちゃく》したお役立ちロボットが登場 ⇨ 2010年代から人が行けない場所（荒《あ》れ地《ち》や災害《さいがい》現場、宇宙）を探索《たんさく》するロボットが進化

コンピュータのこれからがわかるキーワード

コンピュータも進化し続けている。新しい言葉が表現しているのは、コンピュータの未来のかたち。これから活躍《かつやく》していくコンピュータはどんな姿《すがた》をしているだろう。

【IoT（モノのインターネット）】

IoTとは、世界中のあらゆるモノをネットでつなげてしまおうという考え方。モノとは、家電品から車まで、半《はん》導体《どうたい》チップが入るものすべての物のことで、全部をつないでやり取りをさせようとしている。実現は進んでいて、携帯電《けいたいでん》話《わ》でよく聞く「5G（ファイブジー）」は、多くの機械がネット接続《せつぞく》で大容量のデータをやり取りできる規格《きかく》になっている。この規格《きかく》が完全に広がれば、IoTはもっともっと進む。

※IoT（アイ・オー・ティー）とは「Internet of Things」の略《りゃく》で、日本語では「モノのインターネット」という。

【スーパーコンピュータ】

スーパーコンピュータ（スパコン）は、処理が速く、負荷《ふか》に強いコンピュータのこと。日本でも「京《けい》」や「富岳《ふがく》」が有名で、気象《きしょう》の分析《ぶんせき》や新薬開発、宇宙探査《うちゅうたんさ》といった大規模《だいきぼ》シミュレーションに活躍《かつやく》中《ちゅう》。しかし、今後の進化にはより高速な半導体チップの開発が必要、といわれている。そこで注目されているのがAIによるチップの回路設計《かいろせっけい》。AIで、今より小さく高性能なものが作れるようになったら、スパコンもさらに進化する。

【量子コンピュータ】

量子コンピュータは、これまでのコンピュータとはまったくタイプが違うコンピュータ。「量子ビット」という原子より小さく、粒子《りゅうし》と波の両方の性質を併《あわ》せ

持《も》つ〝量子〟のふるまいを利用するもので、根本のしくみから違う。現在のコンピュータのおよそ1億倍の性能を発揮《はっき》するとも言われる。けれど、そんな夢《ゆめ》のコンピュータがどのくらい役に立つのかは、今のところ不明。長い間に実力をつけてきた半《はん》導体《どうたい》コンピュータのほうが有利で、それで十分なのではないかとの予測もある。

【3Dプリンター】

コンピュータ上のデータから、自分の手元で製品を作り上げられるプリンターのこと。小型のものが工作ラボや家庭に普及《ふきゅう》している。高性能の大型3Dプリンターでは、家や車も作られるようになった。宇宙ステーションでは必要な道具やパーツの出力にも使われている。そのうち、家や近くのコンビニで修理パーツや特注品を作ったり、大きなビルの自動建設に使われたりするだろう。

【メタバース】

バーチャルな世界に自分のアバター（分身）を置いて自由に活動できるしくみ。仮想空間の中にある世界を、現実世界のように自由に動き回ったり、他の人といっしょに楽しむことができる。このメタバースが発展すると、リアル体験がどんどんネット体験に置きかわっていく。SNSやネットショッピングが実際の会話や買い物と同じ感覚に近づいて、「今日もネットでお出かけ！」になるかも。

【ナノマシン／ナノロボット】

極小《きょくしょう》サイズのロボットの研究は、特に医療《いりょう》分野で進む。注射器《ちゅうしゃき》で体内に注入して、治療薬を特定の場所に届けたり、悪い部位（がん細胞《さいぼう》など）を取りのぞいたりするのがその役目。マシン／ロボットといっても、人の体に使うために人体に適合《てきごう》する素材が使われていて、いわゆる金属製のマシンやロボットとはだいぶ異なるイメージがある。体内を自由に動きまわるようなロボットの実現は、かなり遠い未来の話になる。身に着けるコンピュータでは、メガネやコンタクトレンズ型のものが考えられている。

近未来ライフFAQ（よくある質問）

コンピュータやネット、AIやロボットがさらに発達していくと、生活も大きく変わると予想される。未来の身近な変化を想像しながら、やってくる世界を考えてみよう。

Q お金はなくなるの?

A キャッシュレス決済《けっさい》が身近になって、お札《さつ》や硬貨《こうか》を使わないことが多くなってきた。「このままいったらお金は消える?」と思うけれど、実はお金の本質は紙幣《しへい》や硬貨《こうか》のような「もの」ではなく、概念《がいねん》と信用。すでに、紙幣や硬貨を用いずとも買い物ができる時代が来ている。電子マネーや仮想通貨《かそうつうか》はその代表例だ。さらに、「中央銀行デジタル通貨（CBDC）」も普及《ふきゅう》しつつある。日本ならば日本銀行が発行するデジタル通貨のことだ。世界では、すでに発行されて使っている国もあるが、日本は検討中《けんとうちゅう》。じっくりと検討と準備をしたうえで、いつかお金がデジタル（電子データ）になる時期が来たらすぐに実現する予定、となっている。

Q 人は働かなくなっても大丈夫?

A 今も工場でたくさんのロボットが働いているように、簡単な繰《く》り返《かえ》しや長時間の作業にロボットが大活躍《だいかつやく》するのはまちがいない。ロボットはパワーやスピードが必要な仕事も大得意だし、人間ならではと思われているサービスの仕事や知的な仕事でもAIが人間を超える日が来るだろうと予想されている。人間の仕事は減っていきそう。たとえば、「ベーシックインカム」という制度《せいど》は、現在の収入格差を平等にしようというだけでなく、仕事が減る未来も考えて提案《ていあん》されている。

AIが政治家になる？

A 人間は個人的な感情に左右されてまちがいばかりをするので、AIに分《ぶん》析《せき》してもらって判断《はんだん》すれば理想的な政治ができるのではないか、という意見がある。もともと、政策の土台にはさまざまなデータがある。その分析はコンピュータの得意技だから、AI議員がすぐれた政治家になる可能性はある。しかし、社会を的確に捉《とら》えたデータを収集し、そのデータをAIへ正しくインプットできなければ、AIをもってしても正しく判断できない。半々に分かれた対立意見のどちらを採用《さいよう》していくか、どう運営してどう責任を取るかも、難しい課題だ。AIは強力なサポート役としての活躍になるかも。

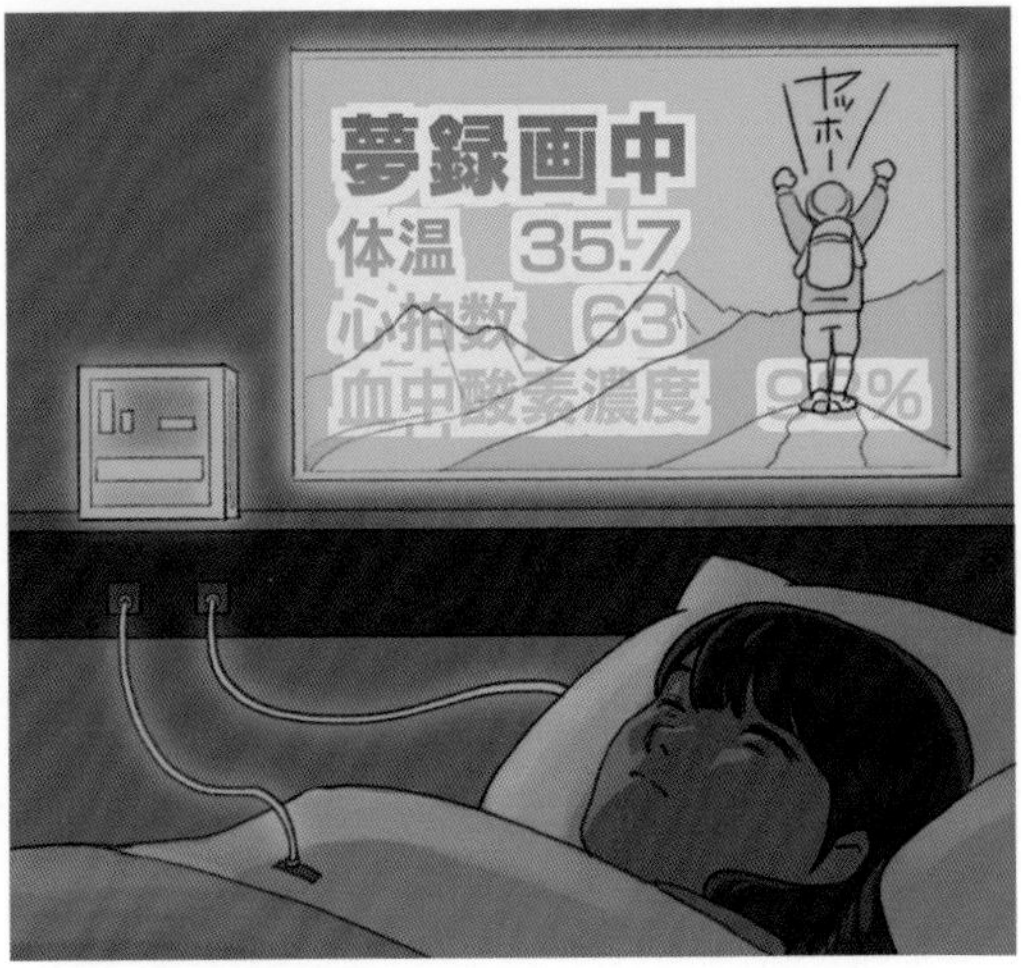

人の心を読んだり、夢を録画《ろくが》したりできるようになるの？

A 人間の脳《のう》の働きをスキャンしてデータ化、シミュレーションすることはまだできていない。けれど、人間が眼で見た物の記憶《きおく》を脳の反応からかんたんなデータで再現するといった実験は成功している。こういう研究が進んでいくと、心にあるイメージや夢もディスプレイに映し出せるようになっていくかもしれない。そのときには無許可《むきょか》で人の心を読んだり、夢を録画することを禁止する法律ができるだろう。でも、それはかなり遠い未来のことだ。

人は不老不死になっちゃうの？

A 人間の寿命《じゅみょう》の限界は115歳とも、130歳とも、150歳ともいわれている。また、生物として限界があるとも、細胞《さいぼう》再生や遺伝子《いでんし》工学による治療《ちりょう》が進むと今の2倍、3倍になるともいう。そうなったら地球上の人口が増えすぎてしまう、という説も。ひとりの人間の身体や脳に寿命の限界が来たとしても、未来には脳データをコンピュータへアップロードできるようになっているかもしれない。そのとき人間はハードウェアの中で不老不死になった、ということになる。

みんながハマってきたゲームの世界

コンピュータゲームは最初、コンピュータの研究や開発をしていた人たちが遊びで作ったのがはじまり。そこからアーケード用、家庭用、携帯用《けいたいよう》と広がっていった。

「ファミコン」でゲームが身近に

コンピュータゲームは、1950年前後、初期のコンピュータ開発者たちが三目並べやテニスなどのゲームを作って遊んでいたものがはじまり。60年代になるとプログラミングが発達し、テレビに映してコントローラーで動作するゲームの開発が進められた。70年代には、ゲームセンターや喫茶店《きっさてん》でプレイするアーケードゲームが各地で大流行。

そのころ、トランプやおもちゃを作る会社だった日本の任天堂《にんてんどう》は、携帯用のゲーム機や家庭のテレビで遊べるゲーム機「ファミコン」の開発を進めていた。操作が分かりやすく様々なソフトで遊べるファミコンは、80年代に爆発的《ばくはつてき》にヒット。90年代から2000年代は日本の各メーカーがいろいろなタイプのゲーム機とソフトを次々と発売して、世界中の人を夢中にさせていった。

世界の人気ゲーム

- マインクラフト
- グランド・セフト・オートV
- テトリス
- Wii スポーツ
- PUBG:BATTLEGROUNDS（ピーユービージー：バトルグラウンズ）
- マリオカート 8 デラックス
- ポケットモンスター
- レッド・デッド・リデンプションII
- Wii フィット
- スーパーマリオブラザーズ

など

みんなが知ってる定番ゲームは、日本のみならず世界でも人気がある。ゲームの楽しさは世界共通！

ゲーム機の歴史

1970

1972年
アメリカで最初の家庭用ゲーム機「オデッセイ」発売

1980

1980年
日本の任天堂が携帯型《けいたいがた》ゲーム機「ゲーム&ウオッチ」発売

最初の大流行

1981年
日本のエポック社がソフト交換式《こうかんしき》の「カセットビジョン」発売

1983年
任天堂がソフト交換式の「ファミリーコンピュータ（ファミコン）」発売

1989年
任天堂「ゲームボーイ」

1990

1990年
任天堂「スーパーファミコン」

1990年～2000年代前半
各社の新機種バトルがスゴい！

1994年
ソニー「プレイステーション」

1996年
任天堂「NINTENDO64」
バンダイ「たまごっち」

1998年
セガ「ドリームキャスト」

2000

2000年
ソニー「プレイステーション 2」

2001年
任天堂「ゲームボーイアドバンス」「ゲームキューブ」
マイクロソフト「Xbox」

2004年
任天堂「ニンテンドー DS」
ソニー「プレイステーション・ポータブル（PSP）」

2006年
任天堂「Wii」
ソニー「プレイステーション 3」

2010

2011年
任天堂「ニンテンドー 3DS」

2014年
ソニー「プレイステーション 4」

2017年
任天堂「ニンテンドースイッチ」

2020

2020年
ソニー「プレイステーション 5」

科学の先駆者たち

5

コンピュータ社会を創った人々

Gakken

目次

科学の先駆者たち

❺コンピュータ社会を創った人々

［執筆］
・全話：糸貫律

科学監修 ——— 小野田淳人

表紙イラスト ——— 十々夜
巻頭記事イラスト — 糸貫律
表紙デザイン ——— arcoinc
巻頭記事デザイン — 梅田海緒
編集 ——— 原郷真里子
編集協力 ——— 窪木淳子、戸村悦子、岩崎美穂、相原彩乃、飯塚梨奈、
黒澤鮎見、館野千加子、宿里理恵
DTP ——— 株式会社四国写研

[内容に関する注意・補足]

◆エピソード・セリフ・描写について
・本書で描かれたエピソードには、諸説ある場合があります。
・また、それらの中の登場人物のセリフなどは、実際に発言したものや、その口調などを再現したものではありません。
その人物の性格やエピソードをわかりやすくするために、 脚色して描かれています。
・複数のエピソードを一つにまとめたり、物語の流れや人物の特徴を分かりやすくするために脚色したりしている場合があります。
・科学的な事象や実験・研究の詳細等については、物語を分かりやすくするために、一部を省いたり、簡単に言い換えたりしている場合があります。
・物語に登場する手紙や著書の文章は、原文をそのまま訳したものではなく、一部を省略したり平易な言葉に言い換えたりしている場合があります。

◆名前・地名について
・人物の名前が複数ある場合、一般的によく知られている名前を採用し、必要に応じてその他の名前を補足しています。(その人物の人生の中で、
まだその名で呼ばれていなかった場合や、関係性の中での呼称なども、読者の混乱を避けるため、
「一般的によく知られた名前や呼び名」で表記している場合があります)
・人物の名前は、教科書などで採用されている表記を採用している場合が多数ですが、その原則にのっとらない人物名表記もあります。
・地名の表記については、一般的によく知られているものを採用し、必要に応じてその他の名前を補足しています。

◆生没年・年月日・年齢について
・人物の生没年については、諸説ある場合がありますが、一般的によく知られているものを採用しています。
・年号は西暦で表しています。月日については、明治5(1872)年12月の改暦よりも前の日本国内におけるできごとについては「旧暦」の月日を用い、
それ以降は「新暦」の月日で表します。
・明治5(1872)年12月の改暦よりも前に生まれた日本人の年齢については、「数え年」で表しています。一方、改暦以降に生まれた人物については、
生没年月日がわかる範囲で、没年を「満年齢」で表しています。また、没年以外の年齢については、
年表をより簡略化するために、その年の誕生日を迎えたあとの「満年齢」で表しています。

◆旧国名・旧地名・藩などの地域について
・旧国名・旧地名・藩などの示す地域については、必要に応じて( )内や欄外に、今の地名や地域を補足しています。
ただしその範囲は、必ずしも完全に一致するとは限りません。

◆その他
・その他、内容の理解を助けるのに必要な事項を、( )内等に適宜補足しました。
・用字や用語の表記は、発話者の年齢や感情で使い分けている場合があり、また、執筆者の意図をくみ、統一していない箇所があります。

プロローグ　考える歯車

パスカル

コンピュータの物語は、「数学」の物語だ。

コンピュータは、その機械的な構造《こうぞう》と、そこにセットされた「数学」で動いている。その「数学」とは、コンピュータの最初の種がまかれてから、400年近くの間、数学者たちが考え、試行錯誤《しこうさくご》して編《あ》み出《だ》してきた、機械による思考法だ。

その最初の種をまいたのは、16世紀から17世紀に活躍《かつやく》したスコットランドの数学者、ジョン・ネイピアだった。

ネイピアは、日用品から軍事兵器まで、さまざまな発明をしたユニークな数学者だが、中でも後世に大きく貢献《こうけん》し、コンピュータの種となったのが、彼が発見した「対数」とそれを使った「ネイピアの骨（ネイピアの計算棒《けいさんぼう》）」である。

対数とは、複雑《ふくざつ》な掛《か》け算《ざん》を足し算に、割り算を引き算に置《お》き換《か》えるアルゴリズム（計算方法）だ。それを一覧表《いちらんひょう》に表した「対数表」を使えば、大きな数の複雑な計算が簡略化《かんりゃくか》できる。

この「対数表」と同様に、計算を簡単にするためネイピアが作った道具が、動物の骨を磨《みが》いた棒に刻《きざ》んだ「ネイピアの骨」である。

ネイピアは、それまで使われていたアバカス（西洋式のそろばん）などが苦手な、大きな数の複雑な計算を補助《ほじょ》する道具として、これを考案した。

この画期的《かっきてき》な発明は大きな評判《ひょうばん》を呼《よ》び、当時の天文学や数学、物理学を研究する学者たちに広く使われるようになった。やがて、「ネイピアの骨」は、歯車などを使って自動で計算する道具、最初の「機械式計算機」へと成長を遂《と》げる。

最初の機械式計算機のアイデアは、ドイツのチュービンゲン大学で、数学・天文学・ヘブライ語などを教えていた教授、ヴィルヘルム・シッカートによるものだ。

17世紀の初頭、シッカートは、友人の天文学者ヨハネス・ケプラーが、日々惑星運動《わくせいうんどう》などの天文学の膨大《ぼうだい》な計算に追われているのを見て、これを作った。

シッカートは、ケプラーに宛《あ》てた手紙の中に、その機械のスケッチを添《そ》え、こう書いている。

「君が手作業で行っている計算を、自動的に処理《しょり》する機械を考えたんだ。この機械は四則演算《しそくえんざん》（足し算・引き算・掛け算・割り算）が簡単にできて、引き算は歯車を逆《ぎゃく》に回転させることで行う。自動的に桁上《けたあ》がりもできるんだ」

しかし残念ながら、シッカートの機械式計算機は、製作《せいさく》を任せていた工房《こうぼう》が火事になり、完成前に焼失《しょうしつ》してしまった。それ以降、工房の立て直しもままならぬうちに、シッカート自身が病《やまい》で亡《な》くなり、この素晴らしい機械式計算機のアイデアは、シッカートの死後３００年以上経《た》った１９５７年、ケプラーの研究者がたくさんの資料の中からこの手紙を見つけるまで、長らく古い資料棚《しりょうだな》に眠《ねむ》ったままだったのだ。

だが、コンピュータへと続く数学の種は、そう簡単に失われはしなかった。

シッカートに遅《おく》れること20年、同じく歯車を用いて製作された機械式計算機がある。そのうち数台は、完全な形で現存し、パリなどの博物館で今も見ることができる。

それが、「人間は考える葦《あし》である」という一節で知られる哲学者《てつがくしゃ》、ブレーズ・パスカル製作の「パスカリーヌ」だ。

最初の物語の舞台は、17世紀フランス。この「パスカリーヌ」から始めよう。

哲学者、思想家、宗教家として名高いパスカルが、なぜ計算機を作ろうと考えたのだろうか。

ブレーズ・パスカルは、1623年、フランス中部のクレルモンという町で生をうけ、少年期をパリで過ごした。

彼は幼い頃から数学に秀《ひい》でており、誰にも教わらず、12歳の時にはユークリッド幾何学《きかがく》を独力で解いてしまったというほどの神童だった。14歳でフランスを代表する幾何学者たちと交流を持ち、16歳の時には、円錐曲線《えんすいきょくせん》に関する高度な論文を発表した。1654年に数学者フェルマーと交わした手紙では、すでに現代の確率論《かくりつろん》の基礎《きそ》を語っていたとされている。

パスカルは哲学者《てつがくしゃ》のイメージが強いが、彼の考え方のもとになっているのは、数学なのだ。

パスカルの父エチエンヌも、優秀な徴税役人《ちょうぜいやくにん》であると同時に、自然哲学や科学、数学にも秀でた学者でもあった。彼は、パスカルの母アントワネットが亡《な》くなった後、男手ひとつで、3人の幼い子どもたちを大切に育て上げた。

エチエンヌは、並々ならぬ愛で子どもたちを熱心に教育した。母を知らぬ子どもたちが父へ抱《いだ》く愛と尊敬《そんけい》は、ことさらに深いものだった。

ある時、エチエンヌは、ルイ13世の宰相《さいしょう》であるリシュリュー枢機卿《すうききょう》に誠実《せいじつ》な人柄を見込まれ、当時もっとも混乱していた地を平定する精鋭《せいえい》の一人に選ばれた。エチエンヌは、子どもたちを安全なパリに残し、単身、農民の蜂起《ほうき》で混乱していたノルマンディのルーアンへ向かった。

現地では、役所の財務状況《ざいむじょうきょう》の調査や税務などを担当し、激務《げきむ》をこなす日々を送っていた。

この頃のフランスは、スペインとの長引く戦争や、農業の不振《ふしん》からくる食糧危機《しょくりょうきき》にペストの蔓延《まんえん》が重なり、農民の反乱が相次ぎ、さらに不満と不安を募《つの》らせた市民の間で魔女狩《まじょが》りが流行するなど、混迷《こんめい》を極《きわ》めていた。

もともとパスカル家は、上層の市民階級（ブルジョアジー）で、数世代続いて官僚《かんりょう》である徴税役人を務め、法衣貴族《ほういきぞく》と呼《よ》ばれる身分を得ていた。しかし乱《みだ》れた世の中にあっては、徴税役人は、時に市民から恨《うら》まれ、命を狙《ねら》われることもある危険《きけん》な職務だ。

だが、ようやくそうした混乱が収まり、一人で街を歩くこともできるようになりつつあった。

エチエンヌがルーアンへやって来た11月は、吹《ふ》きすさぶ風と寒さ、どんよりとした雲がますます厚《あつ》くなっていくような曇《くも》り空《ぞら》だったが、今は5月。ようやく日が差し始め、頰《ほお》をなでる風にもほんのりと温かみが感じられるようになっていた。

「旦那様《だんなさま》、ブレーズぼっちゃまたちが、お着きになられました。居間《いま》でお待ちでございます」

その日の午後、ノックと共に家政婦《かせいふ》が知らせにやって来た。息子《むすこ》パスカルと、二人の姉妹を乗せた馬車が、パリから二日かけてようやく到着《とうちゃく》したのだ。

「そうか、予想より早く着いたな！　少しばかり計算すべき書類が残っているが、後にしよう」

エチエンヌは山のように積みあがった徴税の計算から顔を上げ、ペンを置くと、痛む膝《ひざ》をかばいながら立ち上がった。

疲《つか》れてはいたが、混乱がようやく収まり、今日からこのルーアンで子どもたちと共に暮らせることは、無上の喜びであった。

「お父様……！」

そこへ、パスカルが待ちきれない様子で、居間《いま》から書斎《しょさい》へと飛び込んできた。だが、久しぶりに再会した父の姿《すがた》を目にすると、とたんに表情を曇《くも》らせた。

「なんとお疲れな様子でございましょう……」

それと同時に父のほうも、息子の肌《はだ》がいつにも増して青白く、顔色がすぐれないことに気づいた。

「ブレーズ、お前こそ、具合がよくないのではないか？　二日も馬車に揺られて、さぞ疲れたろう。少し休まなければいけないよ」

エチエンヌはパスカルを支えるようにその背に手を添《そ》えて、父の仕事を手伝うと言い張る息子を、居間へ戻《もど》した。パスカルの3つ上の姉ジルベルトと、2つ下の妹ジャクリーヌも、エチエンヌに連れられて居間に集まった。

「みな、よく来てくれた。家族が揃《そろ》うというのは、何よりの喜びだよ」

居間に勢揃《せいぞろ》いした子どもたちの顔を見て、エチエンヌは、ルーアンに来てからずっと張りつめていた心が、半年ぶりにやっとゆるんでいくのを感じていた。

「パリからの道中で、大きな木に吊《つ》るされた、数人の罪人《ざいにん》を見ましたわ」

ジルベルトが、恐《おそ》ろしい光景を思い出して言った。

「まだ、官僚《かんりょう》や役人に恨《うら》みを持つ農民たちが、村に潜《ひそ》んでいるのでしょうか」

パスカルとジャクリーヌも、居間のソファにかけながら、不安そうに父を見た。

エチエンヌは首を横に振《ふ》り、心配させまいと穏《おだ》やかな口調で答えた。

「軍がずいぶん厳《きび》しく農民たちに制裁《せいさい》を加えたからね、過激《かげき》な連中はほとんど処刑されてしまったよ。だけど、彼らは根っからの悪人というわけじゃないんだ。ひどい不作が続いて、彼らが生きるか死ぬかという瀬戸際《せとぎわ》に、徴税請負人《ちょうぜいうけおいにん》たちの無理な取り立てが追い打ちをかけた。農民たちが憤《いきどお》るのも、無理からぬことだったと思う」

「それで処刑されてしまったなんて、お気の毒だわ」

ジャクリーヌは、床に敷《し》かれた絨毯《じゅうたん》の薄《うす》くなった模様《もよう》を、目でたどりながら言った。絨毯はだいぶ傷《いた》んでいる。

「今は、戦争で国の財政も厳しいんだ。なんとか武器弾薬《ぶきだんやく》を用意しなければ、国そのものが無くなってしまうかもしれない。今は、皆で頑張らなくては」

「それは、そうですわ。でも、あまりに厳しい税となると、あの罪人たちのように、追い詰められる人も出てくる……どうしたらいいのかしら」

「だから、父さんが手を抜かずに働く時なのだ、ジルベルト。一軒、一軒の農家の収入を事細かに調査して、その一家が払《はら》える正しい税額を査定《さてい》するのが肝要《かんよう》だ。最低限の無理はしてもらわねばならぬが、今は誰もが耐《た》え忍《しの》ぶ時だ。それを分かってもらえるよう、説明するのも私の仕事なのだ」

「お父様の、仕事に対する誠実《せいじつ》さ……僕も見習わなければ。そして、少しでもお力になれるよう、力を尽《つ》くします」

パスカルは決意して父を見た。

エチエンヌの職務は、実のところ、寝《ね》る間《ま》もないほどの忙《いそが》しさだった。ルーアンの周辺を中心に、ノルマンディの農家をしらみつぶしに訪ねて歩かなければならない。エチエンヌは、この行軍に、できる限り息子を伴《ともな》った。

しかし、もともと体が弱いパスカルだったが、この頃から、絶《た》え間《ま》ない身体の痛みに悩《なや》まされるようになり、一日一秒たりとも、その痛みが引くことはなかった。

「大丈夫《だいじょうぶ》かい、ブレーズ。今日はいつにも増して辛《つら》そうじゃないか」

エチエンヌは苦しそうな息子の様子に慌《あわ》てた。

「どうかお気になさらずに、お父様。ただの頭痛です。いつものことだ」

「しかし、今日の農場は大きいから、すべて見て回るとなると、一日中歩き回ることになるぞ」

「今は、誰もが耐え忍ぶ時。お父様がそうおっしゃったではありませんか。徴税に来た僕が馬車で寝《ね》ていては、農家の方も納得がいかないでしょう」

「くれぐれも無理せずについて来なさい」

エチエンヌは、一軒一軒、丁寧《ていねい》に査定《さてい》した。

畑や農場の広さ、年間の収穫量《しゅうかくりょう》、今年の天候《てんこう》による不作の状況、家畜《かちく》の頭数と、その状態。それらの農業収入で養うべき家族の構成について……など。

事細かく記録をとり確認していると、農場主が別《わか》れ際《ぎわ》に、とれたての卵《たまご》をいくつか籠《かご》に入れて渡してくれた。

「先生、これ、わずかですが持っていってくだせい。私らもギリギリでやってるけれど、先生もよっぽど大変でしょう」

エチエンヌとパスカルの擦《す》り切《き》れたコートを見て、農場主が言った。

パスカル家の財政は、決して楽ではなかったのだ。

エチエンヌは、妻《つま》を亡《な》くし、故郷《こきょう》のクレルモンからパリに移り住んだ際、家も官職《かんしょく》も弟に売り、全財産をパリ市債《しさい》にかえた。それはかなりの額だったから、その利子があれば、働かずとも生活をしていけるはずだった。エチエンヌは、学問と文化の街パリで、子どもらの世話と教育に、全力を傾《かたむ》けるつもりだったのだ。

しかし、長引くスペインとの戦争は泥沼《どろぬま》に陥《おちい》り、国家財政の悪化によって市債の利子が切り下げられ、税金《ぜいきん》は引き上げられてしまった。

これでは、パスカル一家のほとんどの収入が、突然《とつぜん》なくなってしまったようなものだった。

この政府の処置に反発した４００人が大法官に抗議《こうぎ》し、それが激しい大法官公邸《こうてい》への襲撃《しゅうげき》に発展してしまった。まさか、そのような襲撃になるとは予想もしていなかったエチエンヌは、その中に加わっていたのである。

リシュリュー枢機卿《すうききょう》は、即刻《そっこく》軍隊を派遣《はけん》し、これを鎮圧《ちんあつ》。首謀者《しゅぼうしゃ》3人がバスティーユに投獄《とうごく》された。バスティーユに投獄されれば、決して生きては門を出られないと言われていた。

エチエンヌも、もし捕《つか》まっていたら、バスティーユに行くことになっただろう。だが、なんとかパリを出て逃《に》げ延《の》びた。

この危機《きき》を救ったのは、パスカルの妹のジャクリーヌだった。

その詩作の才能で王家に気に入られたジャクリーヌが、同じ年、リシュリュー枢機卿の屋敷《やしき》で演劇《えんげき》を上演するチャンスを得たのだ。

この演劇で可憐《かれん》な主人公を演じたジャクリーヌは、大胆《だいたん》にも劇の最後に、リシュリュー枢機卿に向けて、父を許《ゆる》してもらうように訴《うった》えかけた。これが功《こう》を奏《そう》したのである。

リシュリュー枢機卿は、エチエンヌのことを知ると、バスティーユに送るどころか、大変に気に入ってしまった。そして、逆に徴税役人《ちょうぜいやくにん》として取り立てたというわけであった。

とはいえ、市債の利子は相変わらず入ってこず、税金は徴収《ちょうしゅう》されるのだから、公職を得たとはいえ、生活は楽ではない。

調査の帰りの馬車に揺《ゆ》られ、痛みに耐《た》えながらも、パスカルの心配はもっぱら父のことだった。

——自分は、辛《つら》いと言って家で休んでいることもできるけれど、お父様はそうはいかない。どんな日も、どんな遠方でも、出向いて行かねばならないし、大変だからと、途中で査定《さてい》の手を抜くなど、するはずもない。それに、今日の農場主は親切な人だったが、時には罵倒《ばとう》されることもある……。精《せい》神的《しんてき》にもきつい仕事に違いない。僕なんて、まともな手伝いにさえなっていないじゃないか。

　家に着くと、エチエンヌは、大量の書類をかかえてパスカルに言った。

「さぁ、今日はもうお前は休みなさい。あとは私の仕事だ」

「はい、お父様……」

　そう言ったものの、パスカルはふがいない気持ちでいっぱいだった。妹ジャクリーヌの全身全霊《ぜんしんぜんれい》の貢献《こうけん》に比べ、自分のやっていることといったら……。

　——もっと本当に役に立てることはないのだろうか？

　パスカルはベッドの中で考えた。偉大《いだい》な父のため、ひ弱な自分に何ができるだろうか。考えるだけ無駄《むだ》のようにも思えたが、それでも考えた。考えて、考えて、ひたすら考え続けた。

　夢うつつの中で考えていた時、ふと、パリの科学サロンで聞いた噂《うわさ》を思い出した。

　長引く戦争の中、戦場になったドイツでは、ペストに加えてコレラまでが蔓延《まんえん》し、ある数学者などは、コレラで一家全員が亡《な》くなったという。なんともむごたらしい話だった。

　その数学者は、かのケプラーの友人で、彼のために、何かを歯車で作っていた途中《とちゅう》だった……。

　——何を作っていたと聞いたのだっけ？

　歯車で……ケプラーのために……惑星《わくせい》の運動を……。

その時、パスカルは突然《とつぜん》ベッドから飛び起きた。

「そうだ！　四則演算ができる機械を作ればいいんだ！　それで自動的に税務計算《ぜいむけいさん》を行えば、お父様の仕事をずいぶん軽減することができるし、それを売り出せば家計を助けることだってできるじゃないか！」

窓《まど》の外はまだ暗く、相変わらず身体の痛みに声が漏《も》れたが、それでもパスカルは起き上がり、オイルランプに火を灯《とも》すと、さっそく歯車を使った機構《きこう》の設計に取りかかった。


エチエンヌは、税務計算をする際、ジュトン（数え札）を使うこともあったが、だいたいは筆算で行っていた。現地で査定《さてい》してきた内容に合わせ、彼ら農家が支払えて、政府も納得させられる税額《ぜいがく》をはじき出さねばならない。

この計算が、とてもややこしいものだった。

その原因の一つが、フランスの通貨単位だ。

12ドゥニエで1ソル、
20ソルが1リーブルである。

10増えるごとに桁上《けたあ》がりする、規則的な十進法ではなかったのだ。

「お父様、それぞれの通貨単位にあわせた歯車同士をかみ合わせて、うまく桁上がりするように機構《きこう》を設計してみたのですが、見ていただけますか」

　パスカルは、度々エチエンヌに助言を求めた。

「どれどれ……。うーむ、桁上がりする時にこの歯車同士がかち合ってしまって、動かなくなるのではないか？」

「えっ!?　どこですか？……本当だ。これを変えるには、ああ、全部変えないとだめだな……」

　パスカルは意気消沈《いきしょうちん》して図面をたたんだが、すぐに顔をあげ、言った。

「もう一度、設計し直してみます！」

　エチエンヌはそんな息子を心強く感じていた。正直なところ、数学の能力では、もう息子のほうが数段上を行っているようだった。

「ブレーズ、お前は私の誇《ほこ》りだ……。身体にだけは、くれぐれも気をつけるのだよ」

　エチエンヌは、ずいぶん立派になった息子《むすこ》の背中につぶやいた。


　実際に取りかかってみると、実は設計よりも、腕利《うでき》きの職人たちを探し出し、その製作《せいさく》を任せることのほうが大変であることが分かってきた。

　幸いルーアンには、時計作りなどを手掛ける機械工の職人たちが少なくなかったが、歯車を計算に用いるしくみがあまりに複雑であったため、職人たちはなかなか理解できず、それが何の役に立つパーツなのかも分からないままに作ることになった。

　そのために、パスカルは、職人の工房へ入り浸《いびた》り、一日中付きっきりで、指示を出した。

「ちがうちがう、そっちは二進法の歯車ですよ。それがかみ合うのがドゥニエ用、つまり十二進法のこの歯車」

「ぼっちゃん、すまんが、二進法だの十二進法だのと、俺たちには何のことかさっぱり分かんねぇ」

「どうやって説明すれば理解していただけるのでしょう。つまりですね……」

「あーあ。頭がいいぼっちゃんときたら、無駄《むだ》に面倒《めんどう》なことばかりさせる」

パスカルはなんとか説明をしようとしたが、数学などまったく知らない職人たちに一から説明するとなると、大仕事であった。とにかく時間がかかり、職人たちもイライラして、あからさまに態度《たいど》に出ることもしばしばあった。嫌味《いやみ》な言葉をぶつけられることもあった。

こうしたやり取りが、彼の身体の調子をいっそう悪くさせた。工房の冬の寒さは耐《た》えがたいほどで、全身が冷えきって頭痛がし、ストレスでお腹がくだることも度々だった。

そんな時は、この弱々しい身体が憎《にく》らしく、なんともみじめな気持ちになったが、製作をやめようなどとは思わなかった。

そんなパスカルの姿《すがた》と、複雑怪奇《ふくざつかいき》な計算機のことは、瞬《またた》く間《ま》にパリで噂《うわさ》になった。

「たった20歳で、機械式の計算機を製作しているらしいぞ」

「エチエンヌのあの息子さんなら、ありそうな話だ」

「まさか、しょせんは平民あがりのブルジョワジーさ。できっこない」

それから2年の月日が過ぎた。

21歳になったパスカルは、なんとか歯車を利用した機械式計算機の試作品を完成させた。

「パスカリーヌです」

パスカルは、父エチエンヌとジルベルト、ジャクリーヌの前に完成した機械式計算機を置き、紹介《しょうかい》した。

「宝箱のように美しい機械ですこと！」

ジルベルトは、磨《みが》かれた真鍮《しんちゅう》の金色に輝《かがや》く箱と、横に並んでいる6つのダイヤルのしつらえの美しさにため息を漏《も》らした。

「これで計算をするなんて、考えたらわくわくしちゃうわ」

ジャクリーヌが無邪気《むじゃき》に言った。

「この箱で、どうやって計算するの？」

パスカルは、自信に満ちた表情で真鍮のスタイラスを取り出した。これは細長いパスカリーヌ用のペンである。それを隙間《すきま》に差し込んで、ダイヤルを回した。

「この機械は十進法の計算用の一番基本的な一台だ。手前に並んだ6つのダイヤルは、右から順に1の位、10の位、100の位というように、桁上がりしたそれぞれの歯車と連動している」

「ダイヤルの上の小さな窓《まど》に、数字が見えるわ」

「その窓に計算の結果が表示されるのさ。それでは、35＋68を計算してみせよう。まず、一番右、1の位のダイヤルを5目盛《めも》りぶん回す。次に10の位を3目盛りぶん回す」

パスカルがダイヤルを回すのに合わせて、小さな窓に見える数字が回転し、３と５を示した。

「これで、パスカリーヌに35がセットできた。次に、足す数、つまり68を、今と同じようにセットする」

再びパスカルがダイヤルを回すと、今度は１００の位の窓に１が現れ、10の位に０、１の位には３が表示された。

「そら、回し終わった。その窓に、足し算した答えが見えるだろ？」

ジャクリーヌは興味深そうにパスカリーヌを覗《のぞ》き込《こ》んだ。

「答えは、１０３ね！　ちゃんと桁上《けたあ》がりをしたわ」

ジルベルトは感激《かんげき》して、弟の偉業《いぎょう》を褒《ほ》め称《たた》えた。

「ブレーズ！　あなたはなんという頭脳《ずのう》の持ち主なのでしょう。そして、それにも勝る、その精神《せいしん》力《りょく》……。あなたは神に祝福《しゅくふく》されているのね」

しかし、パスカルは決して満足はしていなかった。

「お姉さん、ありがとうございます。しかし、私はまだまだです。パスカリーヌも、未だ完璧《かんぺき》とは言えません。これから、通貨に対応した複雑《ふくざつ》な桁上がりの仕組みに対応させていくつもりです。お父様のお仕事に役立てるため、それに、これを世間に売ることで、今回かかった製作費を回収しなくてはなりませんから」

その言葉に、多少なりとも不安を隠《かく》せなかったのが、エチエンヌだった。

「その心意気は素晴らしい。そしてありがたいものだ。しかし、私にとってもっとも大切なものは、お前自身の健康なのだよ。どうかあまり無理をしないでおくれ」

「分かっています。お父様を心配させるようなことは、決していたしません……」

さて、完成したパスカリーヌは、パリの好事家《こうずか》たちの関心の的になった。

ひいては、どんなに高くても、ぜひ自分の物にしてみたいという物好きも現れた。

しかし、パスカルは、不完全なパスカリーヌを販売《はんばい》するのは時期尚早《じきしょうそう》と考えており、まだ1台も販売するつもりはなかった。

「とにかく、噂《うわさ》のパスカリーヌを最初に手にして、社交界で皆の注目を集めたいんだ!」

とある富豪《ふごう》の商人は、パスカリーヌを手掛けたという職人の一人に秘密裏《ひみつり》に接触《せっしょく》した。

「いや、でも、これはパスカルのぼっちゃんがいないと、うまく組み立てられん代物《しろもの》でね」

職人はとまどった。パーツは作れるが、組み立てるとなると自信がない。

「いいんだ、いいんだ、このピカピカの箱に、精緻《せいち》な加工のダイヤルがついて、ぐるぐる回れば、それでもう最高だ」

それなら、と、つい職人は請《う》け負《お》ってしまった。動けばいいなら、組み立て方が多少違っても、部品を少なくしてしまっても、物にはなるだろう……。

それからほどなくして、パスカルは自身が売った記憶《きおく》のないパスカリーヌが、金持ちの間に出回っているという話を耳にした。ダイヤルを回しても計算はむちゃくちゃで、使い物にならないという。

「なんてことだ、偽物《にせもの》が大量に出回っている。いったい誰が、どうやって作ったというんだ……」

ある日、パスカリーヌを購入《こうにゅう》したが、まったく役に立たないと言って、商人が現物を持ってパスカルのところへ直談判《じかだんぱん》しにやって来た。

「これです。自動的に計算をしてくれると聞いて、大金をはたいて購入したんですよ。商売に生かそうと思ってねぇ。それがどうです！　計算なんて、できやしないじゃありませんか」

「み、見せてください」

手に取って調べてみると、それは、確かに本物だった。ダイヤルや、内部に使われている歯車は、パスカルが見込んだ機械工たちに作らせているもの、そのものである。しかし、いくつかのパーツは取り付けられておらず、歯車の取り付け方もめちゃくちゃだった。

「どうです、壊《こわ》れてるでしょう？　返金はしてもらえますか」

パスカルは頭の中が真っ白になった。こんなことが起こるとは。

「これは、私が売ったものではありません。私はまだ1台も売り出してなどいないのですから。言うなればこれは偽物《にせもの》、あるいは、工房《こうぼう》から勝手に持ち出され、適当《てきとう》に組み立てられたのかもしれない」

商人は、ここにきて騙《だま》されたことに気がつき、がっくりと肩《かた》を落とした。

「そんな……。それじゃ、私はどうしたらいいのです？」

若いパスカルには、このような事態《じたい》は思いもよらなかったし、どう対処すべきかも皆目《かいもく》見当がつかなかった。ただ、あれほど心を傾《かたむ》け、全精力《ぜんせいりょく》を投入して作ってきたパスカリーヌが、こんな形で踏《ふ》みにじられたことに、心臓《しんぞう》をえぐられるような思いだった。

それからほどなくして、犯人《はんにん》がわかった。

それはやはり、工房でパスカリーヌの製作に携《たずさ》わってきた職人のうちの数人が、勝手に作って売ったものだった。

職人たちは、問《と》い詰《つ》められると、口々に責任逃《せきにんのが》れの言い訳を口にした。

「わしらは、これがパスカリーヌだなんて、一言も言ってない」

「そうだそうだ。似《に》たようなものが欲しいと言うので、作って渡しただけのことだ」

「こう言っちゃなんだが、ぼっちゃんのくださるお駄賃《だちん》だけでは、俺たちとても暮らしていけねぇんだ。なにしろ手がこみすぎてて、他の仕事は請《う》けられないいんだから」

「はっきり言って、もうやってられんのです」

職人たちの裏切《うらぎ》りに、パスカルは心底落胆《しんそこらくたん》し、傷《きず》ついた。そして雇《やと》っていた職人を全員解雇《かいこ》してしまった。

それから数日――。

「ブレーズはどうしている」

エチエンヌはジルベルトにこっそりと、パスカルの様子を尋《たず》ねた。

「あれから、ひどい頭痛と腹痛が続いていて、ベッドから立ち上がることさえできないようですわ」

ジルベルトは、パスカルに飲ませるための、ジンジャー入りのホットワインを作りながら言った。

「こんなことなら、わたくしは、もっとあの子の体調に注意しておくべきでしたわ」

「いや、私が悪いのだ。しっかりして見えても、したたかな職人連中と渡り合うには、まだまだ経験が浅いことを忘れていた。ある程度は、私が管理してやるべきだったのだ」

　こうして終わりを告《つ》げたかと思われたパスカリーヌだったが、未来のコンピュータへと続く小さな芽は、まだ摘《つ》まれてはいなかった。

　思わぬところから、パスカルを再び奮《ふる》い立《た》たせる声がかかったのだ。

「なんと!!　大法官セギエ様が、パスカリーヌを見てみたいとお手紙をくださった！」

　大法官セギエとは、リシュリュー枢機卿《すうききょう》に並ぶブルボン王朝《おうちょう》の重臣《じゅうしん》である。ノルマンディーの反乱では自ら戦場に出向き、強権《きょうけん》を発揮《はっき》した人物で、法律《ほうりつ》を司《つかさど》る立場でもあった。パスカルはそのセギエからたった今届けられた手紙を手に、驚《おどろ》きと、あまりの喜びのために、頭がくらくらしていた。

「やったわね！　お兄様！」

　ジャクリーヌはパスカルの手を取って、居間《いま》をぐるぐると回り、踊《おど》った。

「ジャクリーヌ！　僕はまた、神の祝福《しゅくふく》を得たのかもしれない！」

「ええ、そうよ。今度こそ、パスカリーヌを完成させてくださいな」

　午後の日は暖《あたた》かく、そろそろあの素敵《すてき》なルーアンの夏がやってくることを予感させていた。

　１６４４年、パスカルは、試作品を念入《ねんい》りに調整して、セギエとの会見に持って行った。

　パスカルは、大法官セギエの、堂々《どうどう》とした体格《たいかく》とその威厳《いげん》を前にしても、萎縮《いしゅく》することはなかった。むしろ、セギエのような人物が自分の後ろ盾《うしだて》となってくれるかもしれないことに、これまでにない安堵《あんど》を感じていた。

――そうか、自分はこれまで孤独《こどく》の中にいたのだ。

パスカリーヌを製作する間、ほとんどの者たちは、パスカルのなそうとしていることに半信半疑だった。家族だけは味方だったが、工房の職人たちも、助言を求めたパリ科学サロンの学者たちも、自分を信じてくれはしなかったのだ。

「セギエ様、この度はこのような栄誉《えいよ》にあずかり、私は……」

そう言おうとした時、思わず涙《なみだ》がこぼれてしまった。

「面倒《めんどう》な挨拶《あいさつ》などよい。さぁ、素晴らしい奇跡《きせき》をこの目に見せておくれ、若き数学者よ」

パスカルはその構造を大法官に説明した。

「このダイヤルを回すと、ここに答えが出ます。そして……」

不思議なことに、セギエに説明しているうちに、自分の作品がまったく違ったものに見えてきた。

――ああ！　パスカリーヌは、ただ計算するための機構《きこう》ではなかったのか！　これは動かせる哲学《てつがく》でもあるのだ。目に見えぬ数学の美しさを形に表した芸術でもあるのだ。これを完全にすることこそ、私の宿命だったのだ。

大法官セギエは、パスカリーヌの働きに心底驚嘆《きょうたん》した。

「これは驚くべき機械だ。これからのフランスを変える力を持つ物と言ってもいい。ブレーズ・パスカルよ、そなたは、これの完成に励《はげ》むがよい」

「なんというありがたきお言葉、私は必ずこの使命を果たしましょう」

その上でセギエは、パスカリーヌに特許権《とっきょけん》も与《あた》えてくれた。

「もしも、またパスカリーヌを真似《まね》た偽物《にせもの》が売られるようなことがあれば、このセギエが必ずや厳《きび》しく罰《ばっ》してやろう。今後、パスカル家の承諾《しょうだく》なしに、計算機を製作および販売することを禁ずる」

偽造品《ぎぞうひん》によって、一度は信用がなくなりかけたパスカリーヌだったが、大法官セギエの鶴《つる》の一声により、再び社交界で評判《ひょうばん》を呼《よ》ぶようになった。

パスカルのもとには新たにフランスきっての匠《たくみ》が集まり、以前よりも精密《せいみつ》なパーツを作れるようになった。

パスカルは職人を集めて、パスカリーヌの製作について説明した。

「パスカリーヌは、時代の最先端《さいせんたん》をゆく機械です。この機械を使うことで、天文学、物理学、数学から計算の手間を省《はぶ》き、人間は思考することに集中できるようになる。そのためには、操作《そうさ》が簡単であること、すばやく円滑《えんかつ》に動くこと、堅牢《けんろう》であることが絶対に求められる！ それが実現されるまでは、何度でも、何十回でも作り直してもらいます。どうか心して製作にあたってください」

素材も、ありとあらゆるものを試した。木材、象牙《ぞうげ》、真鍮《しんちゅう》から銅《どう》、手に入る素材はとにかく使ってみた。

完成した試作品は、すぐに耐久《たいきゅう》テストを行った。馬車に載《の》せて200キロほどを走るのだ。

「だめだ、内部の部品がずれて、ダイヤルが動かない……。今度の機構は複雑な計算をこなすことはできるが、とても壊《こわ》れやすい。これほど繊細《せんさい》になると、工房から一歩も外へ出すことができなくなってしまう」

それから10年間、パスカルは計算機の試作品を作り続け、その数は50台にものぼった。

そのうちの何台かは、パスカルにとっては不満が残るものだったが、父エチエンヌの職務にはたいへん役に立ち、実務で活躍《かつやく》した。

パスカリーヌの評判《ひょうばん》は、王族や著名な学者たちのもとにも届《とど》いた。ポーランド女王は、フランスを離れる際に2台購入していった。また、この計算機の噂《うわさ》を聞きつけ、哲学者《てつがくしゃ》デカルトがパスカル家を訪ねてきたことさえあったという。それほど、パスカリーヌの評判は高かったのである。

「まだだ……僕が理想とするパスカリーヌは、まだ……」

しかし、残念ながら、パスカルの頭の中にある機械式計算機を実現するには、時代が追いついていなかった。作っても作っても、満足いくものにはならなかったが、やがてパスカリーヌは、スウェーデン女王に献上《けんじょう》するという栄誉《えいよ》を得るまでになった。

だが、そんなパスカルを、大きな悲しみが待ち受けていた。父エチエンヌが、不慮《ふりょ》の事故で大ケガを負い、それがもととなって亡《な》くなってしまったのだ。

エチエンヌの子どもたちにとって、これ以上の悲劇《ひげき》はなかった。

無償《むしょう》の愛情を惜《お》しみなく注いでくれた、無二の存在であった父を亡《な》くしたことで、パスカルは嘆《なげ》き悲《かな》しみ、また、人生を見つめ直すようにもなっていった。

「もう、父のために計算機を作り続ける意味もなくなってしまった」

パスカルは、計算機の製作をやめはしなかったが、それよりも、信仰《しんこう》に目覚め、人間について深く考えるようになっていった。結局、機械式計算機で利益を得るという目論見《もくろみ》は、研究費と製作費《せいさくひ》が高すぎたため、達成されなかった。

1662年、パスカルは、書きためていた散文を残して亡《な》くなった。それらを編纂《へんさん》し、出版したものが、『パンセ』である。そこには、こんな一節が収められている。


「人間は自然界で最も弱い葦《あし》に過ぎないが、それは考える葦である。

全宇宙が腕《うで》ずくで彼を押しつぶす必要はなく、一滴《いってき》の蒸気《じょうき》があれば、彼を殺すのには十分だ。

しかし、もし宇宙が彼を押しつぶしたとしても、人間は彼を殺すものよりも、さらに高貴な存在なのだ。

なぜなら、人間は自分が死ぬことと、宇宙が自分より有利であることを知っているけれど、宇宙は何も知らないのだ。

つまり、我々《われわれ》の尊厳《そんげん》は、すべて我々の思考のなかにある。

私たちはそこから立ち上がるのであって、空間や時間という満たされないものから立ち上がるのではないのだ。

だから、深く思考しよう、これが道徳の原則なのだから」

パスカルが思考を重ねて生み出したパスカリーヌに込めた思いは、やがて後世の数学者たち、技術者たち、そして起業家たちに受《う》け継《つ》がれ、今日《こんにち》のコンピュータ社会の礎《いしずえ》となっている。

科学の
先駆者たち

世界の扉を開けた、階差機関

チャールズ・バベッジ

1830年、イギリスで2本目の鉄道が開業した。

木材と馬に代わり、鋼鉄《こうてつ》と蒸気《じょうき》エンジンがイギリスの社会を引っ張り始めていた。このエネルギー革命は、蒸気機関車が炉《ろ》を赤く燃やし、とてつもないパワーで客車を牽引《けんいん》するように、重苦しく停《てい》滞《たい》していたイギリス経済を、内なるすさまじいエネルギーで動かし始めたのだ。そのスピードはだんだんと増し、それにつれ、産業も、人々の暮らしも、効率《こうりつ》が求められるようになっていた。

「効率！　それは数学においても、重要なことなのです！」

そう言って、バベッジがその機械の黒い取っ手のついたハンドルを押し引きすると、たくさんの歯車が一斉《いっせい》に動き出した。

カチン、カチカチ、カチン、カチカチ、と、正確なリズムを刻《きざ》む音が心地よく響《ひび》きはじめ、螺旋《らせん》状《じょう》に上から下へと並べられた真鍮《しんちゅう》のカギ棒《ぼう》が、軸《じく》と共に回転する。それが何本も並び立ち、それぞれが回転のたびに数字の印刷《いんさつ》されたドラムをひっかけ、それぞれの数字を導《みちび》き出《だ》す。

精巧《せいこう》に細工された金属の部品はなめらかに動き、回転にあわせて上から順番に鈍《にぶ》い飴色《あめいろ》の光を反射《はんしゃ》した。

その様子は、まるで何かの生命体のようだった。

何度か回転した後でチン！　というベルの音がして、バベッジはハンドルを動かす手を止めた。

「どうです、この通り！　人の手で1日かかる計算が、私の階差エンジンを利用すれば、あっという間です！」

大げさに両手を広げてアピールすると、客間に歓声《かんせい》と拍手《はくしゅ》が起こった。

それからバベッジは前へ歩み出て、200人の客人を前に、今夜のパーティの開催《かいさい》を宣言《せんげん》した。

「皆さん、お集まりいただき、ありがとう。私のこの屋敷《やしき》は、学問のために開放しておるものです。どうぞ、今夜もご自由に、そして闊達《かったつ》に、科学と芸術について実りある議論をしていただきたい！」

拍手が起こり、やがて機械の前に集まっていた人々は、奇妙《きみょう》な展示品が並ぶ部屋や、ビクトリア調の庭にのぞむバルコニーへと、思い思いに散っていった。

今日もまたいつものように、大多数の客の興味は、この真鍮の機械よりも、からくり仕掛《じか》けの銀のバレリーナに集まった。

──イギリス人は、この機械のすばらしさにちっとも目を向けようとしない。なぜだろう……。

バベッジが「階差エンジン」と名付けたこの機械に関心を示すのは、たいていの場合、これを見ようと海を越《こ》えて来た外国人だった。

バベッジは客に愛想《あいそ》を振《ふ》りまきながら、さきほどの芝居《しばい》がかった宣言のせいでめくれたコートの襟《えり》や、まがった蝶《ちょう》ネクタイを整えると、屋敷《やしき》の中を挨拶《あいさつ》してまわった。

「こんばんは、バベッジ先生」

コルセットでウエストを絞《しぼ》りあげたドレスを揺《ゆ》らしながら、小走りで近寄《ちかよ》ってきたのは、確かロンドンで外科医をしている知り合いの夫人だ。

「やぁ、奥様《おくさま》。こんばんは」

「先生、ご機嫌いかがですか？　こちらは娘のアンナです。ご挨拶《あいさつ》なさい」

「こんばんは、先生」

「やぁ、アンナ。とても素敵《すてき》なドレスだ」

「先生のご子息を階段の上で見かけましたわ。すっかり素敵《すてき》な紳士《しんし》になられましたのね」

「まだまだ、勉強中です。今は建築家のもとで、上水道の敷設《ふせつ》計画に取り組んでおるところです。掘《くっ》削《さく》技術や、鉄道にも興味が尽《つ》きぬようで、最近はイザムバード・キングダム・ブルネル（「19世紀の工学の巨人の一人」とされるイギリスの土木技師）とつるんで何やらやっておるようです。彼の父のマークは、私の友人でね」

「まぁ、マーク・イザムバード・ブルネル氏といえば、今やイギリス中に鉄道を走らせてらっしゃいますわね！　すばらしいわ」

「鉄道に関しては、私も少し協力させてもらっているのですよ」

「あらぁ、さすがバベッジ先生ですわ……そうそう、アンナは先生のお坊《ぼっ》ちゃまとちょうど同い年になりますの」

少女は待ってましたとばかりに、シルクのドレスの端《はし》を両手でつまみ、膝《ひざ》を曲げてお辞儀《じぎ》する。

「この子もそろそろ年頃ですし、いいお相手が見つかればと考えておりますのよ」

――そうくると思った。

バベッジは心の中でつぶやいた。

もともとこのパーティは、バベッジの10代の子どもたちを社交界に紹介するために始めたもので、知人の学者同士で土曜の夜に集まるだけの、こぢんまりとしたものだった。

それが、やがてロンドンで評判《ひょうばん》を呼《よ》び、今や200人が集まる科学サロンに成長し、科学界で重要な位置を占《し》めるようになったのだ。

「それは、それは！　いいお相手が見つかるよう、お祈《いの》りしております。楽しんでいってください。では」

バベッジは作り笑顔でそっけなく言うと、さっさとその場を後にした。

——今はそういうことに構《かま》っていられないのだ……。

この集まりを催《もよお》すにあたって、すでに「子どもたちのために」という目的は消え失せている。ロンドン中の名だたる弁護士《べんごし》、判事《はんじ》、医者、司祭、学者、芸術家などが、土曜の夜といえばバベッジの屋敷《やしき》にやってくる。中には国民的作家のチャールズ・ディケンズや、ドイツの作曲家メンデルスゾーンも顔を出すほど、権威《けんい》ある集まりになっていた。

バベッジは、この場から科学界の改革《かいかく》を進めようと決意していた。アマチュア学者たちが牛耳《ぎゅうじ》る王立協会では、決してできないことをするのだ、と。

そのためにも、「階差エンジン」を広く知ってもらわねばならない。

この計算機が完成すれば、正確な「数表」を量産することができる。「数表」こそ、すべての科学活動、ひいては経済活動《けいざいかつどう》を加速する力があるものなのだ。

バベッジは屋敷の壁《かべ》に飾《かざ》られた数表を満足げに眺《なが》めた。ヨーロッパ全土からかき集めた自慢《じまん》のコレクションだ。

数表といっても、様々な物がある。

値段表、サイズ表、天文表、航海表《こうかいひょう》、度量衡表《どりょうこうひょう》、対数表。

たとえば、ある商品の全国の値段表があれば、その商品の平均的な価値や、今後の値動きの分析《ぶんせき》に役立つし、サイズ表があれば、様々な物の規格《きかく》を統一《とういつ》できる。度量衡表は、異なる単位を簡単に比較《ひかく》するためのもので、様々な場面で作業効率をアップさせるだろう。

「中でも、航海表は、今や、世界中に植民地を抱《かか》えるイギリスにとって最も大切な数表と言っていいでしょう。これに間違いがあれば、船は自分の位置を見失い、その先に待っているのは、漂流《ひょうりゅう》の運命です。それによって失われる人命と経済的損失《そんしつ》は、計り知れない」

バベッジが語り出すと、その周りにはすぐに人が集まってきた。

「しかし、この数表の間違いはあとを絶ちません。人間が計算をするのだから、どうしても計算や書き写しの間違いが起こる」

バベッジは壁にかけられた一つの数表を指で叩《たた》いた。

「さて、ここに一つの数表がある。これは対数表というものです。対数のメリットは、小さな数の簡単な計算の繰《く》り返《かえ》しで、大きな数の複雑な計算と同じ結果を扱《あつか》えるようになることです」

「対数表?」

この言葉を初めて耳にする客たちも多く、皆、半信半疑ながらもバベッジの演説にくぎ付けだった。

「そうです。この対数表があれば、航海や天文学で使う大きな桁《けた》の計算を、簡単に行うことができるのです。いいでしょう。今からこの表を使って、難しい計算をして見せましょう」

客たちは、まるでマジックショーでも見ているような気分になっていた。

「このように、数表は我々の行う計算を手助けしてくれる、非常に重要なものです。しかし、数表をつくるのは大変な作業で、しかも難しい。私の階差エンジンは、こうした対数表をはじめとする数表を、ミスなく正確に、しかも自動で作るという、画期的な発明です」

バベッジは毎回、なるべく簡単な説明に努めるのだが、神妙《しんみょう》な顔で聞いている客のうち、どれだけが理解しているのだろうか。一人から質問が飛ぶ。

「でも、その数表とやらを作っている人は、計算のスペシャリストなんですよね？　間違いは滅多《めった》に起こらないのではないですか？」

「数表のこの1列だけ計算するならね。でも、数表を作るには、その作業を何百回も繰《く》り返《かえ》す必要がある。それには時間がかかり、計算者に疲《つか》れも出る。必ずどこか間違ってしまうものなのです。それが人間の限界だ」

「間違っていたなら、また作り直せばいいのでは？」

バベッジは首を振《ふ》る。

「そう簡単ではない。一度刷《す》られた数表を訂正《ていせい》するのは、容易《ようい》ではないのです。ある間違った数表は、ヨーロッパ中に広まり、各地で刷り直され、果ては中国でもそれを使っていたという例がある」

「中国にまで！」

「そうなったら、もう、誰も修正などできないのです」

「だが、どんなに完璧《かんぺき》にしようとしても、それを完全になくすことは不可能ですよ！　ある程度、許《きょ》容《よう》しなくては」

ロンドンで大きな商店を営《いとな》む太った紳士《しんし》が声をはりあげた。バベッジは待ってましたとばかりに答える。

「そこで、階差エンジンの出番となる。機械なら、この数値をミスなく、完全にはじき出すことができる」

「はぁ……」

多くの客たちは、数表の重要性と計算の難しさを理解しつつも、それを機械が作れること、それも専門家以上の精度でできることが、腑《ふ》に落ちない様子だ。

すると突然《とつぜん》、人だかりの中から甲高《かんだか》い声があがった。

「でしたら、玄関《げんかん》に飾《かざ》られている階差エンジンは、全体のほんの一部にすぎませんのね!?　それに、数表を出版するなら、印刷用の機構《きこう》も必要になりますわ！」

バベッジは驚《おどろ》いて声の主を見た。

そこに立っていたのは、目を輝《かがや》かせた可憐《かれん》な少女だった。

「バベッジ先生！　私、一目で階差エンジンに恋してしまいましたわ！」

「き、君は……？」

「初めまして、エイダ・バイロンと申します。私、数学が大好きなの！　階差エンジンが次々に乗《じょう》算《さん》の答えを出すさまを見て、本当に感動しました！」

「君に、あの機械の働きが理解できたのかい!?」

バベッジは驚いて、エイダを上から下までまじまじと見た。

緩《ゆる》く結われた髪は、おでこの真ん中で分けられ、小さな花の飾《かざ》りがちりばめてある。流行の深紅《しんく》のドレスはその白い肌にほんのりとピンク色を浮《う》かび上《あ》がらせ、10代の少女を大人びて見せていた。

——この子は、親に連れられて、婿《むこ》探しにやってきたのではないのか？

するとエイダは、その視線が自分を馬鹿《ばか》にしているものと感じて、怒《いか》りをあらわにした。

「まぁ！　ばかになさらないで！」

手を出したとたん、突然牙《とつぜんきば》をむく子猫《こねこ》のような態度《たいど》に、バベッジはあわてた。

「お、お嬢《じょう》さん、申《もう》し訳《わけ》ない。君のような少女が階差エンジンに興味を持つとは思わなかったのだ……」

「エ、イ、ダ、ですわ！　苦しい言い訳ですこと！　数学が好きなことに、年齢《ねんれい》も性別も関係ないわ。……だけど、今先生と仲たがいしてしまうのは、得策《とくさく》じゃありませんから、許《ゆる》します。先生には、いろいろ質問したいことがありますもの」

娘のジョージアナと同じ年頃の少女に叱責《しっせき》され、頑固《がんこ》で気が短いことで知られるバベッジも、たじろいでしまった。

「質問、というと？」

――なんという気の強い子だ。だが、なかなか見込みがある……。

「エイダ！　なんてはしたない!!」

そこへ駆《か》け込《こ》んできたのは、エイダの母親だった。彼女はエイダの腕《うで》をつかむと、その場から引き離そうと引っ張った。

「偉大《いだい》なバベッジ先生に向かって、なんという態度なのです！」

「お母様！」

「先生、どうかお許《ゆる》しください。私のしつけが行《ゆ》き届《とど》かぬせいで……」

「いやいや、お気になさらずに。彼女の数学の知識は人並み外れているようだ」

「も、申し訳ありません」

エイダの母はバベッジの言葉を遠回しの皮肉《ひにく》と受け取り、恐縮《きょうしゅく》した。バベッジとはそういう一癖《ひとくせ》ある人物だと、もっぱらの噂《うわさ》であったのだ。

エイダのほうは言葉通り素直に受け取り、嬉《うれ》しくてたまらないといったように言った。

「私の才能がおわかりなんですね！　バベッジ先生は思った通りの方だわ！」

エイダは、なかば独学《どくがく》で学んだ数学のいろいろなことについて、そして、今見たばかりの美しい階差エンジンについて、質問したいことがたくさんあった。

しかし彼女の母親は、もめごとかと集まってきた客に囲《かこ》まれてすっかり恥《は》ずかしくなり、青ざめてエイダの腕をつかんだまま、そそくさと別れの挨拶《あいさつ》をした。

「今日は、いい学びになりましたわ、先生。ありがとうございました。私たち、これで失礼いたします……」

バベッジが挨拶《あいさつ》を返そうとした時には、すでにエイダは憤慨《ふんがい》した様子の母親にその手を引かれ、出口のほうへ連れていかれるところだった。

「痛《いた》いわ、引っ張らないで、お母様」

エイダは、つんのめりそうになりながらも、人混《ひとご》み越《ご》しにバベッジを振《ふ》り返《かえ》ると、にっこりと笑みを浮《う》かべた。

バベッジも、またおいでと言わんばかりに、いたずらっぽく笑って、小さく手を振った。

それから、エイダは本当にバベッジの工房《こうぼう》へ遊びにやってくるようになった。バベッジの娘ジョージアナとも仲よくなり、バベッジの家でランチを食べたり、一家とピクニックへ出かけたりもした。

美しく、話し好きのエイダがやってくると、家の中がぱっと明るくなる。

だが、エイダとバベッジが階差エンジンの話を始めると、その場から家族が一人、また一人と席を立ち、いつも二人で激論《げきろん》を交わすことになった。

ジョージアナは、エイダが父に負けずに意見を言う姿《すがた》を見て、心底感心した。

「すごいわ、エイダ。あの父を言い負かす勢《いきお》いですもの」

「そうかしら。私は正しい方法を思いついたから提案《ていあん》しているだけなのに、先生ったら、ご自身を否《ひ》定《てい》されたと勘違《かんちが》いして、とんちんかんな反論をしてくるのよ。だから、それは違うと申し上げているだけ」

「私も、あなたみたいに言いたいことをはっきり言えればいいのだけど、エイダ」

ジョージアナは、エイダをハグしてため息をついた。

「私はあなたがうらやましいのよ、ジョージアナ。あんな素敵《すてき》なお父様がいらっしゃるんですもの。大切にすべきだわ」

そう言って、エイダはジョージアナの髪《かみ》をなでた。

ジョージアナには、母がいなかった。幼い頃に病《やまい》で亡《な》くなったのだ。それからは祖母ベティが面《めん》倒《どう》をみてくれていた。バベッジは妻《つま》を亡くしたその同じ年に、息子《むすこ》も亡くしており、その悲しみは深かった。

「先生は偉《えら》いわ、そんな悲しみを乗《の》り越《こ》えて、イギリスの社会のために、ありとあらゆる活動をしていらっしゃるのですもの」

「そうかしら、父がほとんど家にいないのが、私は寂《さび》しいわ」

「私があなたのお姉さんになってあげる！　一緒に楽しいことをたくさんするの。ショッピングに、パーティ、それからピクニックだって」

悲しげな微笑《ほほえ》みを浮《う》かべるジョージアナに、エイダがそう言うと、ジョージアナはエイダにもたれかかり、小さく手を握《にぎ》った。

やがてバベッジは、娘かのようにエイダに接するようになった。ジョージアナと違い、度々《たびたび》衝突《しょうとつ》してしまうのは、エイダに数学の才があるからだった。それはエイダの父、天才と言われる詩人、ジョージ・ゴードン・バイロンから受《う》け継《つ》いだものかもしれない。その自由を愛し、ありのままに生きようとする姿勢《しせい》も……。

「父ができたみたい」

エイダは言った。父バイロンは、エイダが生まれてすぐに家を出てゆき、一度も会うことなく、エイダが９歳の頃亡《な》くなった。常識人《じょうしきじん》の母はそんな父を嫌悪《けんお》していたが、エイダは父とその生き方にあこがれていた。

「機械工学校で階差エンジンの講義《こうぎ》が行われるのだが、興味があるかね？」

あるときバベッジにそう提案《ていあん》され、エイダは目を輝《かがや》かせた。

「まぁ、階差エンジンの？」

機械工学校とは、機械工の育成を目的にした夜間学校だ。

「講義のレベルはかなり高いが、君ならついていけるだろう。しかし、生徒は労働者階級の機械工が中心なんだ。無骨《ぶこつ》な連中ばかりの中へ、君のようなレディを送り込むのはどうかと、正直迷《まよ》っておるのだ」

「迷うことなどあるものですか！　私、小さい頃から数学と機械のことなら、誰にも負けたことがありませんもの。もちろん行きますわ！」

エイダの階差エンジンに対する情熱は、バベッジに負けず劣《おと》らず、並大抵《なみたいてい》ではなかった。


それから１年ほど経った、１８３４年。

「まったくばかげている!!　どいつもこいつも、本当に価値あるものが何かもわからんくせに、ただ威張《いば》りおって!!　科学技術があってこその社会の進歩だと、なぜわからないのだ!!」

バベッジは怒りをおさえきれず、書斎《しょさい》で一人、あらんかぎりに怒鳴《どな》り散らした。

「どうかしたんですか、父上」

大きな声を聞いて、息子《むすこ》のハーシェルが飛んできた。

バベッジは開封《かいふう》したばかりの手紙を手に、書斎の椅子《いす》に倒《たお》れこむようにぐったりと座《すわ》っている。

「何があったのです？」

ハーシェルは訳が分からず、ただ父の顔色をうかがうことしかできない。

「……なんでもない。行きなさい」

バベッジはくぐもるような声で言い、息子に下がるように手の甲《こう》で示した。

「……」

ハーシェルは、不服と心配が入り混じったため息をついて、おとなしく部屋を出た。父は何も言わなかったが、何があったのかは見当がつく。おそらく、階差エンジンの開発の件で、政府と何かあったのだろう。

階差エンジンの製作《せいさく》を担《にな》ったのは、ジョセフ・クレメントという、金属加工においてはイギリスで一、二を争う職人だった。バベッジは、高い加工技術を持ち、機構《きこう》への造詣《ぞうけい》も深いクレメントに、全《ぜん》幅《ぷく》の信頼《しんらい》を置いていた。

──階差エンジンの製作ができるのは、この男しかいない。

だが、あてにしていた政府の助成金は滞《とどこお》り、クレメントへの支払《しはら》いは思うようにいかなくなった。もともと政府の援助金《えんじょきん》が出るという前提《ぜんてい》で始めた階差エンジンのプロジェクトだが、政府は最初の1600ポンドに加えて、ほんの少しをしぶしぶ出しただけで、その後の援助はままならなかった。仕方なく、残りの大部分をバベッジの蓄《たくわ》えから支払《しはら》ったのだが、そのことを説明し、支払いを待ってくれと頼んでも、クレメントは一切聞き入れなかった。

「支払いがあるまで、続きの作業はできないね」

不満を募《つの》らせたクレメントはとうとう製作を中止し、バベッジは説得しようと何度も手紙を送ったが、返事はなしのつぶてだった。

「ならばもういい、他の機械工を探すまでだ。私の工房《こうぼう》に、一切合切《いっさいがっさい》を引き取らせてもらうからな！」

バベッジがそう言うと、クレメントは烈火《れっか》のごとく怒《いか》り狂《くる》った。

「この工作機械は、私が手をかけて作り上げたものだ！　それを盗《ぬす》むのか！」

「何を言う、私が設計し出資《しゅっし》したのだ！　これは私のものだ！」

話は平行線だった。その後、なんとか図面と階差エンジンだけは取り返し、屋敷《やしき》に据《す》えることはできたが、政府の補助金の問題はまだ残っていた。

工作機械自体が他ではなかなか作れない代物《しろもの》で、金額もかなりのものなのだ。

バベッジはこの１年をかけて、必死に新しいプロジェクトを組むための資金を提供《ていきょう》してもらえるよう各方面に働きかけ、政府に頼み込んできた。

しかし結局、政府は冷淡《れいたん》な手紙をよこしただけだった。

「政府は、階差エンジンの開発を放棄《ほうき》し、今後一切の資金提供はしない」

これが、バベッジが書斎《しょさい》で怒鳴《どな》り散らした原因だった。

彼は腹立ちまぎれに手紙を引《ひ》き裂《さ》き、それから、書斎の窓《まど》から空へ向かってばらまいた。青いインクのにじんだ紙切れは、美しい庭の中央にある池までひらひらと舞《ま》い、青い空を映す水面に落ちると、波紋《はもん》を広げてゆっくりと沈《しず》んでいった。

――この先、階差エンジンの開発はどうすればいい……。

そのことを耳にしたエイダは心配になり、すぐバベッジの屋敷を訪ねた。階差エンジンの研究は頓《とん》挫《ざ》してしまうのだろうか。

――政府も機械工も、なんておばかさんなのかしら！

階差エンジンの残りの部分を完成させて、その本領《ほんりょう》を発揮《はっき》するのはこれからだというのに。

「こんにちは！　バベッジ先生……ジョージアナ？」

呼《よ》んでみたが、辺りはシンと静まり返り、いつもと様子が違う。

「いないのかしら……」

裏庭《うらにわ》で庭師が一人、仕事をしているだけだ。

エイダは外をぐるりと見回った後、庭師に声をかけた。

「こんにちは、今日は誰もいらっしゃらないの？」

「やぁ、お嬢《じょう》さんか。旦那様《だんなさま》ご一家は、しばらく別荘《べっそう》へ行ってなさる」

庭師は暗い表情でこちらを見て言った。

「まぁ、急でしたのね……何も聞いていなかったわ」

「ジョージアナお嬢様が亡《な》くなってね。旦那様はショックで打ちのめされちまった。大奥様《おおおくさま》も体調を崩《くず》されたんで、少しの間、ご一家で療養《りょうよう》なさっているのさ」

「……なんてこと……」

エイダは唖然《あぜん》として、そう言うのが精《せい》いっぱいだった。

――この前会った時は、あんなに元気だったのに。

「少し、お屋敷の中に入ってもいいかしら」

エイダは庭師に断り、涙《なみだ》でぼやけはじめた屋敷の扉《とびら》を開けた。その背中に庭師が声をかける。

「バベッジ先生の道具やなんかは、さわっちゃなんねぇよ」

屋敷に入ると、エイダは階差エンジンへと歩《あゆ》み寄《よ》った。

——こんな時に、愛らしいジョージアナが死んでしまうなんて。バベッジ先生はさぞ悲しみ、苦しんでいらっしゃるでしょうね……。

エイダは憐《あわ》れな階差エンジンのハンドルを押してみる。

カチン、カチカチ、という音が高い天井まで響《ひび》いて、静まり返った部屋に反響《はんきょう》した。その美しく規則的《きそくてき》に動く機械を見ていると、それが妻を亡《な》くし、子どもたちを亡くし、機械工に去られ、政府にも見捨てられ、それでも科学界を変えようと働き続けるバベッジそのもののように思われてきた。

「刻苦《こっく》すれど報われず、天はとうとう、最愛のジョージアナまで奪《うば》いたもう……」

カチン、カチカチ、カチン、カチカチ……。

その日、エイダはいつまでも、階差エンジンの隣《となり》に寄《よ》り添《そ》うように立っていた。

翌年、1835年、エイダはケンブリッジ大学、トリニティ・カレッジで建築を学ぶ青年、ウィリアム・キング卿《きょう》と結婚した。ウィリアムは、ほどなくしてラブレス伯爵位《はくしゃくい》を継《つ》いだので、エイダはエイダ・ラブレス伯爵夫人となった。

バベッジはこの結婚をとても喜び、心から祝福《しゅくふく》した。知的で優しい性格のウィリアムを気に入り、最近では、たびたび二人の家を訪れ、楽しい時を過ごすようになっている。

「ようこそ、バベッジ先生」

階段下のホールにまで、ウィリアムが迎《むか》えに出た。

「やぁ、こんばんは」

「先生！　待ってたのよ！」

エイダは喜んで、バベッジの腕《うで》をとる。

「まるで父娘《おやこ》だね」

二人を見てウィリアムは笑った。

ディナーの後、テーブルを囲《かこ》んで話していると、バベッジはとっておきのプレゼントがある、と言って、色とりどりの花や小鳥が織《お》り込《こ》まれた美しいテーブルクロスを広げてみせた。

「素敵《すてき》！　こんな細かい織りは初めて見ましたわ。なんて美しい。先生ありがとう!!」

「どういたしまして。しかし、もっとすごいプレゼントがある。まぁ、これを見たまえ」

そういってバベッジが取り出したのは、糸でつながれた数枚の細長い厚紙《あつがみ》で、どの厚紙にも、規則《きそく》的《てき》に小さな穴があけられていた。それは何かの暗号のようでもあり、幾何学的《きかがくてき》な模様《もよう》にも見える。

「これは何かしら？」

テーブルクロスをほめそやした時とうって変わって、エイダは目を見開き、食らいつくようにそれを手に取った。彼女は、自分の心臓《しんぞう》の鼓動《こどう》が速まるのを感じずにはいられなかった。

「先日、織物《おりもの》工場を見学してきたんだ。ジャカード織機《しょっき》を見たくてね」

「聞いたことがあります。どんな模様《もよう》も自動化して織ることができるという、フランスで開発された最新の織機ですね」

ウィリアムも興味津々《きょうみしんしん》だ。

「そうだ。これはその織機を制御《せいぎょ》するためのパンチカードと呼《よ》ばれるものさ。経糸《たていと》一本一本につながった突起《とっき》にこの厚紙《あつがみ》を押し当てて、この穴を通った突起の経糸だけが持ち上がる仕組みになっている」

「わかったわ、先生！　これを階差エンジンに応用しようというのね!?」

エイダはバベッジが説明するより前に言った。

「その通りと言いたいところだが、階差エンジンとは少し違う」

「どういうこと？」

「これを、さまざまな命令を解析《かいせき》して、異なる計算式を処理できるエンジン、『解析エンジン』に応用することを考えているんだ」

「解析エンジン!?」

エイダもウィリアムも、その画期的《かっきてき》なアイデアに驚《おどろ》くと同時に、どんな困難《こんなん》も乗《の》り越《こ》えて、新しいことに挑戦《ちょうせん》してゆくバベッジの強さに励《はげ》まされた。

「なんてこと、先生！　今度は、ジャカード織機が花や小鳥を織るように、解析エンジンが美しい代数のパターンを織るのね」

１８４０年、バベッジはトリノにいた。トリノは、当時産業都市として大いに繁栄《はんえい》していた、サルデーニャ王国の首都である。

バベッジは以前、この地方を治めるイタリアの大公に、イタリアの科学界の発展のために何をすべきかを問われ、定期的に科学者会議を開くことを提言《ていげん》していた。

バベッジがトリノを訪れたのは、その第一回の会議に招待《しょうたい》されて「解析エンジン」についての講義を行うことになったためであった。

バベッジは大公殿下《でんか》への手土産《てみやげ》にと、トリノに来る途中、織物の街リヨンに立《た》ち寄《よ》り、織機の発明者ジャカールの肖像《しょうぞう》を織り込んだ織物を購入《こうにゅう》していた。

「まるで版画のようですな……」

その織物は、本人そっくりに描かれた人物を中心に、彼の工房《こうぼう》が描かれており、工具や発明したジャカード織機の模型《もけい》も実に細かく描きこまれていた。大公とその取り巻きたちは、その織物を囲《かこ》み、賛美《さんび》の言葉を口にした。

「パンチカードを利用する解析エンジンでは、ジャガード織機で織られたこの肖像のごとく、複雑《ふくざつ》で精緻《せいち》な数表を量産することが可能になります。それは、科学、ひいては産業を支える力となる」

バベッジは、イタリアで理解者を得たことを、嬉《うれ》しくも、口惜《くちお》しくも感じていた。

——なぜ、イギリスの科学界はいまだにニュートンの科学を至高《しこう》とし、その後の革新的《かくしんてき》な科学を軽視《けいし》するのだろうか……。

バベッジの解析《かいせき》エンジンに関する講義には多くの学者や専門家が集まったが、その内容はなかなかに難しく、完全に理解できた者は一握《ひとにぎ》りの学者と機械工に限られた。

バベッジにとっても、解析エンジンの原理を説明するのは実に骨が折《お》れたが、頭の中で構築《こうちく》された原理をなんとか言葉にするという過程《かてい》を通して、自分自身の理解度をさらに深めることができた。

「解析エンジンは、二つの部分からなります。

一つは、計算の結果などの数値を記憶《きおく》しておく『ストア』。

もう一つは、ストアから引き出した情報を処理する『ミル』です。

これらを制御《せいぎょ》するために、解析エンジンでは、2組のパンチカードを利用します。

一つは、エンジンに計算方法を指示し、もう一方は計算する数を指示するものです。様々なパンチカードの組み合わせを使うことで、どんな計算にも対応することができるようになる。もちろん、この機械から直接結果を印刷《いんさつ》することもできるのです」

バベッジが説明を終えると、会場からは大きな拍手《はくしゅ》が起こった。

それから2年後の1842年、イタリアの若き数学者、L・F・メナブレアの手によってこの講義《こうぎ》録《ろく》が出版された。

「ぜひやらせていただくわ！」

バベッジが、このメナブレアの講義録の翻訳《ほんやく》を打診《だしん》すると、エイダは快諾《かいだく》した。

バベッジがイタリアから戻《もど》った直後から、エイダは解析《かいせき》エンジンの開発の手伝いを申し出て、バベッジとともに研究に取り組むようになっていた。

「伯爵夫人《はくしゃくふじん》の私が、バベッジ先生の庇護者《ひごしゃ》になるわ。私が先生を支援《しえん》すれば、科学界や政界からの風当たりも、少しはましになるでしょう」

「それは心強いことだ」

バベッジはありがたく受け入れた。

「英訳だけではなく、注釈《ちゅうしゃく》も入れたほうがいいと思う」

バベッジのアドバイスで、エイダは、この講義録の翻訳に合わせ、事細かに注釈を加えていった。

エイダは、多くの人に、この解析エンジンを理解してもらおうと、困難《こんなん》な作業を必死でこなした。

一つのパートが進むたびにバベッジに送り、確認を請《こ》う。

その過程で、二人はほとんど対等にやりあった。

「バベッジ様

私は、機械の構造《こうぞう》を説明する前に、パンチカードをどのようにプログラムするのかを明らかにしたほうがいいと考え、別紙に示した通り解説いたしました。

いかがでしょうか。　エイダ」

「エイダへ
だめだ。プログラムを説明するのはいいが、君の書き方ではちっとも伝わらない。　バベッジ」

「バベッジ様
そんな乱暴《らんぼう》な言い方をされるのは心外です。

私は先生のために鬼《おに》のようになって働いているのです。

(それが私の本性かもしれませんが)　エイダ」

バベッジがエイダの原稿《げんこう》に手を入れた時には、エイダは烈火《れっか》のごとく怒《おこ》って手紙をよこした。

「バベッジ様
私の注釈《ちゅうしゃく》を勝手に変更《へんこう》しないでください!

これには、腹が立ちましたわ。ご指示くだされば、私が直します。

私が考えに考えて書いたあの一節を削除《さくじょ》なさったことには、とうてい同意できません。

エイダ」

頑固《がんこ》で怒りっぽいバベッジと対等にやりあうのは、もうエイダただ一人だった。誰もが遠巻《とおま》きに自分のご機嫌をうかがっているような状況では、堂々と意見を述べてくるエイダの存在は、バベッジにとって救いにもなっていた。

こうして講義録《こうぎろく》についてエイダと丁々発止《ちょうちょうはっし》のやり取りをしながら、バベッジは解析《かいせき》エンジンの設計をすすめた。

久しぶりに父の屋敷《やしき》を訪ねた息子《むすこ》のハーシェルは驚《おどろ》いた。

「すごいですね、これは……」

工房の床には、大きな図面がいっぱいに広げられ、そのどの図面にも複雑な構造《こうぞう》が精密《せいみつ》な筆致《ひっち》で描かれている。その中で、袖《そで》もズボンの裾《すそ》もまくりあげたバベッジが、製図工にあれやこれやと指示をとばしていた。

「やぁ、ハーシェル。踏《ふ》まないよう気をつけてくれよ」

「父上の開発に対する努力は、本当にすさまじいですね……。私も見習わなければ」

ハーシェルはあきれながらも、父の研究に対する情熱に圧倒《あっとう》されていた。

「努力か。いや、私は難問《なんもん》を解決した時が最高に幸せなんだ。そのためだったら、どんなことでもしよう」

バベッジは冗談《じょうだん》めかして笑ったが、ハーシェルにはそれは冗談とも思えなかった。

「とはいっても、今一番の難問は資金のことだがね……」

バベッジはため息をもらした。

「政府からは、やはり難しそうなのですか……」

「無理だろうな……」

バベッジは床に広がる図面を見渡しながらため息をついた。

1843年、ようやくエイダが進めていた講義録《こうぎろく》の英訳本を出版する準備が整った。翻訳《ほんやく》は完璧《かんぺき》だった。さらにすばらしかったのは、その注釈《ちゅうしゃく》の部分であった。

「すばらしい仕事だよ、エイダ。君が書いたプログラムを説明するパートは本当にわかりやすく、実用的だ。これが出版されれば、多くの人々が解析エンジンの有用性を認識するだろう！」

バベッジは、エイダの成《な》し遂《と》げた成果に対して、心からの賛辞《さんじ》を贈《おく》った。

「先生、ありがとう。これは私の人生をかけた大仕事だった。努力して成果を出すことは、こんなにも嬉《うれ》しいことなのね！」

それからバベッジとエイダは資金集めに奔走《ほんそう》した。バベッジはあらゆる手段で政府の援助《えんじょ》を得ようと説得を試みた。

エイダも、政府に近い知人を頼《たよ》り、口利《くちき》きをお願いして回った。

しかし……。

「どうでした、先生」

「……いかんせん、学会内部には私の敵《てき》が多すぎるよ。奴《やつ》らは何が何でも、私を追い落とすことしか考えていないようだ」

バベッジは落胆《らくたん》して答えた。

「君のほうはどうかね」

エイダは、力なく首を振《ふ》ることしかできなかった。

最終的に、解析エンジンには、一ポンドたりとも援助を得られなかった。

バベッジは、この絶望的な状況に耐《た》えきれず、思わず声を荒《あら》らげて言った。

「あぁ！　まったくどいつもこいつも、揃《そろ》いも揃って馬鹿者《ばかもの》ぞろいだ‼」

「先生やめて！　まだ終わったわけじゃないわ！」

いら立つバベッジを、エイダはなんとかなだめようとする。今までにも何度もあったことだが、この日のバベッジの怒りはなかなかおさまらなかった。

「そう、例えば、ボードゲームをするからくり人形なんてどうかしら。見世物としてお金をいただくの。そうすれば少しは資金の足しに……」

「そんなくだらない提案《ていあん》はやめてくれ！」

バベッジは怒鳴《どな》った。

「何もかも終わりだ！　もう、一人にしてくれ！　出て行ってくれ！」

工房《こうぼう》の図面も、工具もすべてぶちまけるバベッジを、エイダは必死に止めようとした。

しかしバベッジは怒りにまかせて暴《あば》れまわった。その拍子《ひょうし》に倒した工具箱から刃物が飛び出し、エイダのドレスの袖《そで》を切《き》り裂《さ》いた。

「きゃあ！」

エイダの悲鳴とともに、腕《うで》から血がたらりと垂《た》れる。

それを見て、バベッジはようやく我《われ》に返った。

「す、すまないエイダ、君を傷《きず》つけるつもりなんてなかったんだ……」

だが、謝《あやま》っても遅《おそ》かった。

「もう……もう我慢《がまん》なりませんわ！　残念だけど、これ以上お付き合いを続けていくには、先生はあまりにも強情《ごうじょう》で、わがままで、自分の怒りも自制《じせい》できない、どうしようもない人と言わざるを得ません！　これきりです、さようなら！」

エイダは泣きそうになりながら、そう言って出て行った。

解析《かいせき》エンジンは、とうとう完成することはなかった。


エイダが去った後もバベッジは様々な発明をした。検眼鏡《けんがんきょう》はその代表で、その後２００年近くにわたってバベッジの発明が使われることになる。

彼は精力的《せいりょくてき》に活動を続けていたが、年を経るごとに一人、また一人と、バベッジの信奉者《しんぽうしゃ》は去っていった。

一方のエイダは、解析エンジンの開発から離れた後は、糸の切れたタコのようだった。

ウィリアムという誰よりも妻を大切にする夫がありながら、悪い男に騙《だま》され、競馬《けいば》にはまり、多額の借金を抱《かか》えるようになった。

何かを求めるかのように、享楽的《きょうらくてき》で破滅的《はめつてき》な生活を続け、どこでどうしているのか、夫にも、エイダの母にさえもわからなかった。

バベッジはその噂《うわさ》を聞き、エイダ宛てに「どうか自制《じせい》するように」と手紙を書いたが、返事はなかった。

１８４８年、バベッジは解析エンジンの研究はし尽《つ》くしたとして、階差エンジンの２号機の開発に移った。

「エイダがいれば、きっと目を輝かせて開発に加わっただろうに……」

バベッジはぽつりとつぶやいた。今はもう、誰もいない。バベッジはたった一人、第二の階差エンジンの開発に取り組んでいる。

しかしある日、エイダから突然《とつぜん》の手紙が届いた。

「先生、私、もう長くありません。医者が言うには、私、癌《がん》にかかってしまったんですって。体中痛んで、とても苦しいの。死ぬ前に先生に会いたい。父に会いたい」

バベッジは驚《おどろ》いて、すぐにエイダの家へ向かったが、彼女の母は、バベッジをエイダに会わせようとしなかった。

「お帰りください。あの子は、これまでの行いの罰《ばつ》を受けなければなりませんの。あの子をこんなにしたあなたも、夫のウィリアムも、決して許《ゆる》しません！」

エイダの母親は、エイダに痛み止めを与《あた》えず、苦しむことが神への罪滅《つみほろ》ぼしだと言った。エイダは痛みで部屋中を転げまわった。

「最後かもしれないんだ、どうか会わせてほしい」

バベッジがそう言っても、母親は頑《がん》として聞き入れようとはしなかった。

バベッジは屋敷を後にしたが、たった今エイダが苦しんでいるのかと思うと、いたたまれない気持ちになった。

——自分はなぜ、あの時、エイダの手を放してしまったのか。

あの時の自分が悔《く》やまれて仕方ない。せめてもの慰《なぐさ》めになればと、敷地《しきち》の外からエイダがいるかもしれない窓《まど》に向かって叫《さけ》んだ。

「エイダ！　聞こえるかい！　私だ、バベッジだ！　すぐ側にいる。いつだって君のそばにいる！」

返事は返ってこない。その声がエイダに届《とど》いたかどうかはわからなかった。

1852年、エイダは亡《な》くなった。生前、彼女が夫ウィリアムに望んだ通り、エイダは父バイロンの墓《はか》の隣《となり》に埋葬《まいそう》された。

バベッジの悲しみは深く、心は引《ひ》き裂《さ》かれんばかりだった。

またしても、自分の大切なものが失われてしまった。しかも、これほど残酷《ざんこく》な形で。

——神よ、どうしてなのですか。私が尽力《じんりょく》した鉄道をはじめとする数々の仕事によって、世の人々はこれまでにないほどの恩恵《おんけい》を享受《きょうじゅ》しました。しかし、誰一人それには気が付かず、私からすべてを奪《うば》っていく……。

バベッジは世の中を呪《のろ》うようになっていった。

1871年、バベッジは世間からも、科学界からも忘れ去られ、79歳で孤独《こどく》のうちに生涯《しょうがい》を閉じた。葬儀《そうぎ》に参列したのは、家族のほかに数人だけだった。

ただ、バベッジが成立させた「公道での楽器の無断演奏《むだんえんそう》禁止」の法案によって、ストリートからすっかり排除《はいじょ》された街のオルガン弾きたちだけは、彼のことを忘れていなかった。葬儀の日に屋敷の前に大挙して押《お》し寄《よ》せ、ここぞとばかりにオルガンを鳴らし、その訃報《ふほう》を祝ったのだった。

こうして、バベッジの数学と工学にささげた壮絶《そうぜつ》な研究人生は、終わりを告《つ》げた。残した第二の階差エンジンの図面は、家族の手によってロンドン科学博物館に収められ、そのすべてもバベッジも、人々の記憶《きおく》から消えていった。


現代、カリフォルニアのコンピュータ博物館。

訪れた見物客たちが、一つの展示物の前でガイドの話に耳を傾《かたむ》けている。

「……と、このように、すべてが終わりを告げたと思われたチャールズ・バベッジの研究でしたが、1985年、ロンドン科学博物館のあるキュレーターが、バベッジのこの第二階差エンジンの図面を倉庫《そうこ》の片隅《かたすみ》で発見しました。精緻《せいち》な図面に目を奪《うば》われ、彼はその図面を詳《くわ》しく調べてみました。すると、驚くことに、それは完成しており、復元可能だということが判明《はんめい》したのです」

ガイドは思わせぶりに観客を見渡す。

「そして、それから間もなく、この第二階差エンジンの復元作業が始まりました。そして完成したのが、今、皆さんの目の前にある、この巨大《きょだい》で、精巧《せいこう》な歯車がぎっしり詰《つ》まった、複雑怪奇《ふくざつかいき》な『第二階差エンジン』です！」

観客はその美しい機械美と、現代の「コンピュータ」とはおよそかけ離れたその姿《すがた》に、すっかり目を奪《うば》われている。

「この機械は1991年、バベッジの生誕《せいたん》200年を記念してロンドン科学博物館で公開されました。2008年には、ここ、カリフォルニアのコンピュータ博物館でも展示が始まり、コンピュータ史の大切な記憶《きおく》として残されることになったのです」

「驚《おどろ》くことに、チャールズ・バベッジは、自身が研究していた解析《かいせき》エンジンで、現在我々《われわれ》が使っているコンピュータと同じ基本原理を提唱《ていしょう》していました。一つは、現代のコンピュータのメモリにあたる機関で、バベッジは『ストア』と呼《よ》んでいました。もう一つは『ミル』、コンピュータの頭脳《ずのう》、CPUにあたります」

ガイドは大げさに手を広げ、指を、1本、2本と立てて見せた。

「さらに、彼はそれをプログラムで動かすことを想定していた。実現すれば、1980年代のコンピュータと同等の性能を誇《ほこ》ったとも言われています。バベッジこそがコンピュータの祖《そ》と言えるのです」

観客から感嘆《かんたん》の声があがる。

「生前、バベッジはよくこう言っていたそうです。私の死後500年経《た》って、この世界がどうなっているか、数日あの世から戻《もど》してくれるならいつ死んでもいい、と。

バベッジが200年後の復元されたマシンや、現在のインターネットの世界を目の当たりにしたら、きっと驚き、自身の発明が間違いではなかったのだと、喜んだに違いない。我々はその世界に生きている。我々は、バベッジから、コンピュータの未来を任された未来人と言えるでしょう」

そう言って、ガイドは第二階差エンジンのハンドルを回し始めた。

それはカチン、カチカチ、カチン、カチカチ、と、正確なリズムを刻《きざ》み、螺旋状《らせんじょう》に上から下へと並べられた真鍮《しんちゅう》のカギ棒《ぼう》が、軸《じく》と共に蛇《へび》のように滑《なめ》らかにうねり続ける。

その鉄の蛇が何本も並び立ち、それぞれが回転のたびに、数字の印刷《いんさつ》されたドラムを回してゆく。

その美しく規則正しい機械を見て、誰かが言った。

「まるで、バベッジの論理が動いているようだ」

孤独《こどく》な響《ひび》きを天井まで反響《はんきょう》させながら、第二階差エンジンは回る。

カチン、カチカチ、カチン、カチカチ……。

科学の
先駆者たち

コンピュータの父の、
ささやかな喜び

アラン・チューリング

1939年9月4日の早朝――。

〝我《わ》が国　ドイツに宣戦布告《せんせんふこく》〟

アラン・チューリングは、今さっき売店で買った新聞の記事を夢中で読みながら、駅までの道を急いでいた。昨日、とうとうイギリスとドイツの間で、戦争が始まったのだ。

その横を怪訝《けげん》な顔でアランを見て、若い女性が通り過ぎて行った。

アランは、その視線に気づき、立ち止まって、開店前のカフェのウィンドウに映った自分をちらりと見た。

「その野暮《やぼ》ったい服装、何とかしたほうがいいぞ」

友人によく言われる、そんな言葉を思い出す。

実際、27歳の青年にしては、古臭《ふるくさ》い時代遅《おく》れのスーツに、不器用に結ばれたネクタイ。斜《なな》めに分けた髪は、乱暴《らんぼう》になでつけてあり、片手にボストンバッグ、片手に新聞を持ち、読みながら一心に歩く姿《すがた》は、どこか風変わりだった。

アランは髪をおさえ、ネクタイをつまんで直し、再び駅までの道を急いだ。

――これから、見知らぬ人たちと未知の環境で、自分の仕事をしなければならない。余計な感情を相手に抱《いだ》かせないためにも、第一印象はいいほうがいいだろう。ぼくの働きが、イギリスの戦況を左右するのだから。

朝早くケンブリッジ駅から鉄道に揺《ゆ》られること3時間。ロンドンでバーミンガム行きの列車に乗り換え、ようやくブレッチリー駅に着いた頃には、すでに日が傾《かたむ》きかけていた。

ブレッチリーは美しい田舎町《いなかまち》で、駅前には、夕暮れの田園風景《でんえんふうけい》が広がっている。

——平時なら、このあたりでのんびり過ごしたいものだが。

アランは、初秋のひやりとする空気を、胸一杯に吸い込んだ。

教えられた田舎道を5分ほど歩くと、軍の車や制服の軍人たちがあふれ、緊張感《きんちょうかん》ただよう場所に出た。アランは、警護兵《けいごへい》が立つ鋼鉄《こうてつ》の門を見つけると、身分証を見せて中へ入った。

木立を抜けた先は芝《しば》の広がる広場で、その向こうに、中世風の装飾《そうしょく》が施《ほどこ》されたカントリーハウスが現れた。

「あそこが本部だな。『狂気《きょうき》と怪物《かいぶつ》の山』と言われるだけあって、おかしな建物だ」

本部となっている豪華《ごうか》な邸宅《ていたく》は、ヴィクトリアン、ゴシック、バロック……あらゆる建築様式がごちゃ混ぜで建てられている。

その「怪物」を囲《かこ》むように、何棟《なんとう》かのバラックの兵舎《へいしゃ》が見てとれた。

ここ、ブレッチリー・パークは、もともと銀行家の荘園《しょうえん》だった広大な土地だ。贅《ぜい》の限りを尽《つ》くした建物の中には、こぢんまりした部屋がいくつもある。司令本部室は、諜報基地《ちょうほうきち》とは思えない派手な装飾《そうしょく》が施《ほどこ》され、室内には重厚なオーク材の家具が並び、多角形に張り出した窓は、赤いベルベットのカーテンで彩られていた。

アランが部屋に入ると、すでに何人かが、豪華な深紅《しんく》の絨毯《じゅうたん》の上に居心地《いごこち》悪そうに立っており、目の前には、立派な口ひげの海軍中佐が、これでもかと背すじをのばした姿勢《しせい》で、一人ひとり点呼《てんこ》を取っていた。

「遅《おそ》い！」

中佐は、アランの顔を見るなり大声で言い、それから名簿《めいぼ》らしき書類を確認した。

「チューリング博士ですな。そちらへ」

海軍中佐は、アランに他の者と一緒に並ぶように指示し、それから格式ばった口調で話し出した。

「さて、諸君《しょくん》！　よく集まってくれた。わたしがここ、ブレッチリー・パークの運営を司《つかさど》るデニストンである。今後は司令官《しれいかん》と呼《よ》んでくれたまえ！」

――軍人は苦手だ。

アランは、デニストンの話は上の空で、そっと、まわりのメンバーを盗《ぬす》み見《み》ていた。

集められたのは総勢30名ほどで、全員があらかじめ暗号学校で学んでいた。陸軍将校《りくぐんしょうこう》、数学者、歴史学者、公務員、ドイツ語話者。それから「全国クロスワード・パズル大会」の合格者たちも、数名含《ふく》まれているはずだった。

「君たちはこれから祖国防衛《そこくぼうえい》のため、ドイツ軍の暗号を解く任務に就《つ》いてもらう。その上で、肝《きも》に銘《めい》じてほしいのは、我々《われわれ》イギリスが、どこで、誰が、どうやって暗号を解いているのか、ドイツには絶対に知られてはならない、ということだ。ドイツのスパイは、どこに潜《ひそ》んでいるかわからん。それゆえに、たとえ家族であっても、君たちが暗号を扱《あつか》っていることを、一言なりとも話してはならん！

この法を破った者は、国家反逆罪《はんぎゃくざい》に問われ、監獄《かんごく》行き、または銃殺刑《じゅうさつけい》に処されることになる」

「銃殺刑……」

何人かは緊張《きんちょう》で唾《つば》をのみ込んでいる。暗号解析《あんごうかいせき》を行う者の責任が、どれほど重いものか、誰もが思い知らされた。

「静かに！　今から、君たちは表向き、〝ブレッチリー無線機製造工場〟で働く工員となる。皆、自覚を持って、真摯《しんし》に仕事に取り組んでくれたまえ。また、君たちが取り組む暗号解読には、一刻の猶《ゆう》予《よ》もないということも忘れぬように。わたしからは以上だ！」

その後は、それぞれが所属する兵舎《へいしゃ》が発表され、数人から生活に関するちょっとした質問があり、その場は解散になった。

アランは、第8兵舎に割り当てられた。その兵舎には20人程のメンバーが所属になっている。兵舎に向かいながら、アランは不安でしかたなかった。

——そう広くはなさそうな兵舎に20人とは……。他の者に、思考の邪魔《じゃま》をされないだろうか。だが、ここまで来たからにはしかたない。とにかく、自分のやるべきことを、迅速《じんそく》に進めよう。

アランが、あまり他の者たちと関わらないことにしよう、と考えていたその矢先。

不意に声をかけられた。

「おい、君、皆で自己紹介をしようと言ってるんだ。聞こえなかった？」

驚《おどろ》いて声の主を見ると、黒髪《くろかみ》ですらりとした同年代の男が、こっちだ、と顎《あご》で示した。

アランは、初対面の人間と話すのが得意ではない。

――馴《な》れ馴《な》れしいな……苦手なタイプだ。

うまい断り方が見つからず、アランが返事をせずにいると、その男は、屈託《くったく》のない笑顔で、来るように促《うなが》してきた。

「こっち、こっち！」

――しかたがない……。これから、どうにか彼らとやっていかなくちゃならないからな……。

アランはしぶしぶ皆が向かう兵舎《へいしゃ》へ進行方向を変え、歩き出した。

さっき指令室にいた者たちは、ばらばらと、一つの兵舎に入っていった。

スーツの者、普段着《ふだんぎ》の者、軍服の者、皆ばらばらの服装である。

全員が集合し終わると、さっきからこの場を仕切っていた、黒髪スーツのハンサムが、自己紹介の口火を切った。

「ぼくはチェスチャンピオンのヒュー・アレグザンダー。アイルランド生まれだ。ケンブリッジ大学のキングス・カレッジで数学を専攻《せんこう》して、１９３１年に首席で卒業した。大学ではチェスの代表選手で、本業はウィンチェスター大学で数学を教えている。イギリスの力となるため、ブエノスアイレスの国際チェス大会を途中で棄権《きけん》して、仲間の二人と戻《もど》ってきた」

続けざまに、ヒューと共にブエノスアイレスから戻ったという、ハリーとスチュアートの二人が挨《あい》拶《さつ》をした。

「ぼくをここに誘《さそ》ったのは、そこにいるゴードン・ウェルチマンだ」

スチュアートが、ウェルチマンにバトンを渡した。

「やぁ、ぼくがウェルチマン、数学者だ。ケンブリッジ大学の数学のフェロー（研究者）。ここに来た理由は、デニストンに直接誘われたからだ。自分はデータの分析《ぶんせき》が専門だ」

「わたしは、ウェルチマンに誘われて、ここに来ました。数学者のジョーン・クラークよ。数学の能力なら誰にも負けない自信があるけど、ケンブリッジは女性には学位を授与しないケチな大学だから、学位はないわ」

女性の数学者ジョーンに続いて、軍人らしき制服の男が立ち上がって口を開いた。

「イアン・フレミング、以前は海軍秘密情報部で働いていた。その時のコードネームは〝17F〟。7月に英国海軍志願予備軍に入隊し、今は海軍中尉《ちゅうい》だ」

その後、公務員の男性、言語学者、クロスワード・パズルの覇者《はしゃ》などが続き、残るはアラン一人になった。

皆の視線が集中する。アランは緊張《きんちょう》で何度も瞬《まばた》きをしながら、自己紹介をした。

「ぼ、ぼくはアラン・チューリング、数学者です。ケンブリッジで理論数理学《りろんすうりがく》を教えながら、自動で計算するためのアルゴリズムを研究している。ぼくは、人間の計算者たちがやっている計算を、機械処理に置《お》き換《か》えることで、暗号解読の鍵《かぎ》となる計算スピードを、大幅《おおはば》に高速化できると考えている」

一息に言って、それから壁《かべ》の隅《すみ》をにらんだまま、誰とも目を合わせないようにした。

――こういうのはすごく苦手だ。まるで、パブリックスクールの初日みたいだ。皆、緊張で目をまるくしながら、お互《たが》いにどんな人物かとさぐりあっていて……。

アランがそんなことを考えていると、メンバーの一人が言った。

「計算を機械処理に？」

「つまり計算機のことじゃないか？」

機械で計算を高速化するという考えには、その場にいる誰もが興味を持ったようだ。その中の一人が言った。

「もしかして、チューリング・マシンを現実に作ろうというのかしら」

女性数学者のジョーンだった。アランは、初めてジョーンへ顔を向けた。

「君、ぼくの万能マシンのことを知っているのかい？」

「もちろん。数学者なら、誰もが、あなたの有名な論文を読んだことがあるわ。複雑《ふくざつ》だけど、とても興味深い内容だった」

「何だい？　チューリング・マシンって？」

クロスワード・パズルのチャンピオンが、興味津々《きょうみしんしん》で質問する。

「チューリング・マシンは、〝情報を保存するテープ〟、〝それを処理する機構《きこう》〟、〝結果を読み書きするヘッド〟、この3つで構成された、ある関数がアルゴリズムで計算できるかどうかを判定する、空想上の機械なの」

「簡単に言えば、処理したデータが、正か誤《ご》かを判断する機械だ」

ジョーンの答えに、アランがそう付け足した。

「だが、今から機械を作っても、完成には時間がかかる。未知の機械であれば、効率《こうりつ》よく動く保証《ほしょう》もない。人間のほうが、今すぐ計算にとりかかれて、開発費もかからずに済《す》む。全体で見れば、速度もコストも、優《すぐ》れているんじゃないのか？」

イアンは、機械を作るなんて無駄さ、というように肩《かた》をすくめた。ちなみに、このイアン・フレミングは、その後作家となり、「ジェームズ・ボンド」を主人公とする「００７」シリーズを執筆《しっぴつ》する。

そのイアンの意見に、アランは早口で反論を始めた。

「ぼくは、人間の脳《のう》の大部分は、デジタル計算機と同じだと考えている」

「に、人間の脳？」

「出生時の大脳皮質《だいのうひしつ》は、アルゴリズムが何もインストールされていないマシンと同じ状態だ。学習という繰り返しの訓練は、機械にアルゴリズムを与《あた》えることと同じ作用をする。つまり、人間が訓練で習得できることは、アルゴリズムをインストールすることで、機械にも可能になる」

皆は、今一つ同意しかねる、というように首をひねっている。アランは続けて力説した。

「しかも、機械は生存のための活動に、脳《のう》やエネルギーを使う必要がない。疲《つか》れることもない。動き始めれば、何時間も、何日も、睡眠《すいみん》も食事も必要なく、働き続けることができるんだ。休みなく計算ができ、精度《せいど》も落ちない。速度も、コストも、人間に比べて段違《だんちが》いなはずだ」

アランの演説に、いつの間にか全員が聞き入っていた。もし機械が高速で処理できるとしたら、暗号解析《かいせき》の可能性はかなり高くなるはずだ。確かに、作ってしまえば、コストはかからない。

それに、なにしろ相手も機械的暗号を作り出している。目には目をだ。アランたち、コードブレイカー（暗号解読者）の目下の敵《てき》は、「エニグマ」という。

エニグマは、ドイツ軍が誇《ほこ》る暗号機で、主に潜水艦《せんすいかん》Uボートとの通信に使われていた。連合軍は、この暗号が解読できないために、ドイツ軍に連戦連敗だった。

アランがブレッチリー・パークに入って数日後、デニストン中佐は手に入れたエニグマを見せると言って、全員をガレージに招集《しょうしゅう》した。

「これが、実際に拿捕《だほ》したドイツ艦《かん》から押収《おうしゅう》したエニグマだ」

エニグマは、想像よりもずっと小型の、タイプライターのような機械だった。キーボードの上に、電子式の光る文字盤《もじばん》が同じ配列で並んでいる。

「こいつは、電気機械式のローターの機構《きこう》で、任意のアルファベットを、別のアルファベットに置き換える。エニグマのキーボードで文章を入力すると、同時に点灯した文字が暗号となる。ドイツ軍はそれを意味のない文字列として送信し、受け手のエニグマに入力することで、再び読める文に変換《へんかん》している」

デニストンの説明を聞いて、アランはBのキーを押してみた。すると、Eの文字が光った。もう一度Bを押すと、今度はIが光った。それを見て、ヒューが腕組《うでぐ》みしたまま、大きなため息をついた。

「なるほど、文字の変更は一定ではなく、常《つね》にランダムなんだな。だとすると、生成する暗号文の組み合わせは膨大《ぼうだい》だ。単純計算で、仮《かり》に一秒間に千通り調べたとすると……」

暗算するヒューより先に、アランが答えた。

「解読には、30億年以上必要だ」

その言葉に、ガレージの中が静まり返る。

「だが、エニグマには弱点がある。このシステムでは、受信側が送信側の設定を知らないと、元の文に戻《もど》すことができない。そのため、事前に設定のスケジュールが書かれた設定表が配布されているのだ」

デニストンが1枚の表を取り出して見せた。

「日付と、エニグマの歯車の設定数が書かれているわね。これ、今月の設定表だわ」

ジョーンが言った。

「そうだ。君たちには、この設定表をもとに、暗号解読の計算をしてもらいたい。今すぐ」

デニストンは最後の言葉に力を込めて言った。威厳《いげん》に満ちたデニストンの口ぶりとは裏腹《うらはら》に、解読者たちは設定表を夢中でのぞき込んだ。

「このヒントがあれば、計算して解くことができるかもしれない！」

「解読できれば次にUボートがどこに現れ、何を攻撃《こうげき》目標としているのかわかるようになるな」

「これは……めちゃくちゃ面白そうなパズルじゃないか！」

居合《いあ》わせた全員が目を輝かせた。ドイツとの勝敗をかけたゲームが始まるのだ。

もちろんアランも、全身の毛が逆立つ興奮《こうふん》を感じた。

――これを関数に直して、機械に設定できれば、必ず解読できる!

アランは確信し、マシンの設計を開始した。


暗号を解析《かいせき》するには、まず「クリブ」と呼《よ》ばれる、何度も繰《く》り返《かえ》し登場する単語を探し出す必要があった。

例えば、ドイツ語の前置詞「DIE」や接続詞の「UND」、天気を意味する「WETTER」などである。ヒントとなるクリブと設定表をもとに、200人ほどで一斉に計算をして、1日がかりで暗号を解いた。

「連戦連勝!」

数学者のウェルチマンはガッツポーズをした。

アランたちの、設定表をもとにした暗号解析は完璧《かんぺき》だった。

Uボートの出没する海域《かいいき》を突《つ》きとめたイギリス軍は、先回りしては、撃破《げきは》して回った。

その際、暗号を解析していることを知られないよう、細心の注意を払《はら》った。Uボートがいる海域に偵察機《ていさつき》を飛ばし、「Uボート発見」とわざとらしく通信したり、海中を広く偵察できるレーダーの開発に成功したなどと、嘘《うそ》の情報を流したりした。

しかし、問題が完全に解決したわけではなかった。

「今月はうまくいった。でも、来月からの設定表がない……」

設定表がなければ、200人がかりの計算でも追いつかず、暗号解析はほとんど功《こう》をなさない。設定表は、数ヵ月にわたって手に入らないことがあり、その間イギリス軍は、なすすべがなかった。

「今日もドイツのUボートが、小麦を大量に積んだ商船団を沈《しず》めたらしい……」

ヒューが指令部から最新の戦況を受け取り、兵舎《へいしゃ》へと戻《もど》ってきた。

「この前は石油を積んだ船もやられたわ」

ジョーンも心配そうに言う。

「このままUボートに好き勝手させていたら、島国のイギリスは食料も燃料も届《とど》かず、干上《ひあ》がっちゃうよね……」

「ドイツときたら、設定表を頻繁《ひんぱん》にアップデートしちまう……なんとか、もう少し計算のスピードを上げることはできないのか？」

成果のない日々と、連日の計算に疲《つか》れ、兵舎にはどんよりとした雰囲気《ふんいき》がただよっていた。

そんなことが続いていたある日、突然《とつぜん》、アランが立ち上がって言った。

「計算機の設計が完成したぞ！」

いつも、誰とも話さず黙々《もくもく》とデスクに向かっているアランが急に大きな声を出したので、皆が一斉《いっせい》にアランのほうを見た。

「なんだって？」

ヒューが聞き返すと、アランは平然と言った。

「最初の日に話しただろう。暗号を解析《かいせき》する計算機を作るんだ。設計図はできあがった。積算したんだが、そのためには、おおよそで６５００ポンド必要なんだ」

「ちょっと待て、アラン。６５００ポンドって、最新の戦闘機《せんとうき》の１／10の予算だぞ。政府が簡単に出せる金額じゃない」

「まぁ、そうだな。だからヒュー、君がデニストンにかけあってきてくれ」

アランは当然のように、ヒューに言った。

「無理だよ。それに、なんでぼくが予算の交渉《こうしょう》をしに行かないといけないんだ？」

他の皆は、この突然のやりとりに唖然《あぜん》としている。

「君がこの兵舎《へいしゃ》のリーダーだからだ」

「いつぼくがリーダーになったんだ？」

「ぼくが、兵舎のリーダーを書く欄《らん》に、君の名前を書いておいたからさ」

アランは当たり前だろ、というように言った。

「おいおい、そんな大事なこと、勝手にされたら困《こま》るよ、アラン……。どうりでここ最近、司令部に呼《よ》び出《だ》されて小言を言われる訳だ……」

ヒューはあきれて肩をすくめたが、文句を言いながらも、信頼《しんらい》されたことが嬉《うれ》しくもあった。

「だが、暗号解析の計算機を造るって、いったいどうするんだ」

「専門の技術者を雇《やと》うんだ。必要な材料は全部リストにしたし、設計図もある。材料さえそろえば、あとは技術者たちがひと月ほどで組み立てられるだろう」

アランは、自分の机《つくえ》からたくさんの図面を引っ張り出し、そこら中に広げてみせた。

高さ約2.1メートル、幅2メートル、奥行き0.6メートル。横に12個並んだ3段のローターが1セットで、さらにそれが3段ならんでいる。

「このローターが、エニグマの3枚のローターに対応するんだ。エニグマと同じ配線でつなぐことができて、エニグマの設定が変われば、これも変えることができる。すべてのローターはモーターで駆《く》動《どう》する仕組みだ」

「なるほど。しかし、これだと、今まで通りぼくらがクリブを割り出す必要はありそうだな」

「そうだ。このマシンは、エニグマに入力した文字列がクリブに適合《てきごう》するかどうかを調べるものだ」

「手に入れた暗号文に対して、クリブをテストするための配線メニューも作成しなければならないな。機械を使っても、ある程度、人による作業は必要ということか」

「でも、クリブのテストを機械がやってくれたら、それだけでだいぶ時間短縮《たんしゅく》にはなるわ。それで関連付けられた本当のアルファベットが割り出せれば、暗号解読の鍵が手に入れられる」

あくまで、まだ理論上の話であり、マシンが完成したとしても、実際のマシンがうまく動くかは分からない。でも、兵舎《へいしゃ》の仲間たちの心は一つだった。

――こうなったら、アラン・チューリングを信じてみよう……。

しかし、デニストン司令官は、そうは思わなかったようだ。

残念ながら、計算機開発のためにお金を出してほしいという、ヒューの最初の交渉《こうしょう》は失敗に終わった。デニストンには、アランたちがやろうとしていることが、まったく理解できなかったのだ。

「たかが計算機で戦況が変わるものか！」

デニストンは、第8兵舎のアイデアを一蹴《いっしゅう》した。兵舎に戻ったアランたちは、これからどうすべきかを話し合った。

「交渉は失敗か……でも、あきらめるわけにはいかない。この数学の戦いこそが、たくさんの市民や兵士の命を救うことになるのは、間違いないんだ」

アランの力強い言葉に、皆がうなずいた。そこで、仲間の一人がこんなことを言い出した。

「頭の固いデニストンにいくら言ってもだめさ。……よし、こうなったら、チャーチルに直接手紙を書こう」

「チャーチルって、あのウィンストン・チャーチル!?　……いや、もしかすると、このままデニストンに交渉を続けるよりも、うまくいくかもしれない。いちかばちか、やってみよう」

こうして、チャーチル首相に直接手紙を書くという大胆《だいたん》な計画が実行されることになった。

「イギリス首相　ウィンストン・チャーチル殿。

新型の計算機が完成すれば、多くの命を救えることは間違いありません。それを考えれば、現在軍が必要としているお金に比べて、この新型計算機の開発に必要な金額がどれほど少ないものかわかると思います。

ブレッチリー・パークの兵舎一同」

この手紙は、電撃的《でんげきてき》な効果をもたらした。これを読んだチャーチルは、第8兵舎が要求する額を、すぐに手配するよう部下に指示した。

アランたちはこのことを知らなかったが、それからすぐ、困難《こんなん》と思われた計算機製造が、奇跡のように前進し、司令官の椅子には、デニストンの代わりに別の人物が座った。

こうして、1940年3月18日。最初の新型計算機が完成した。

そのマシンは、なんと16キロメートルの長さの電線と、100万ヵ所を超えるハンダ付けでできていた。

「ボンブだ」

アランが紹介する。

「先行して造られたポーランドの暗号解析機『ボンバ』にちなんでそう呼んでる。残念ながら、ボンベはすでに機構が変更されたエニグマには歯が立たなくなったけどね」

「ふーん。ボンブの設定は、裏側《うらがわ》のコードを差《さ》し替《か》えることで変えられるのね」

ジョーンが近寄《ちかよ》ってまじまじと見る。

「ぼくらのボンブが戦争を終わらせるところを、見せてやろうぜ！」

ヒューは意気込んだ。

かかったお金ほどの成果を出さないだろう、という軍司令部の予想を裏切《うらぎ》り、ボンブは次々とエニグマの暗号を解析していった。アランと暗号解読兵舎の仲間たちは、暗号文の中に毎回使われる「今夜の天候《てんこう》」や、「現在の海峡《かいきょう》の状況は」といったクリブをもとに、効率よく解析を行った。

「見てくれ、Uボートの動きが手に取るようにわかるよ！　今日はここ、明日はこちら……これで商船を守ることができる！」

誰もがこの成果に浮《う》かれ気味だったが、陸軍将校は冷静だった。

「そろそろ怪《あや》しまれてもおかしくない。ドイツ軍の動きが見破れるのは、イギリスが海中の潜水艦《せんすいかん》を探知する特別なレーダーの開発に成功したから、という嘘《うそ》をちゃんと広めてもらわないと、我々《われわれ》の努力が水の泡《あわ》だ」

「それに、暗号機は他にもいろいろある。イタリア語、日本語の暗号もある。我々には、まだ戦うべき相手が残っているよ。特に問題なのは、暗号機タニーだ……」

アランがそうつぶやくと、解読者たちの表情がくもった。

タニーは、ヒトラーと最上位の司令官の通信にだけ使われる、エニグマよりもさらに手ごわいドイツの暗号機である。

「エニグマはポーランドが押収した実機を手に入れていたが、タニーはどんな構造の機械で、どのように暗号化しているのか、まったくわからない……。これでは、いくらぼくでも、糸口をつかむのは簡単ではない……」

アランが弱音を吐《は》くのは珍《めずら》しいことだった。

タニーの解析は、無理かもしれない。解決法が見つかる頃には、戦争は終わってしまうのではないか。イギリスをはじめ、フランスやポーランドも、タニーの暗号解読は無理かもしれないと考え始めていた。

「おい、タット。ぼーっとしてないで、少しは仕事をしたらどうさ」

「あ、ああ、ごめん……」

声をかけられたタットは、びくっとして顔を上げた。一日中兵舎《へいしゃ》の隅《すみ》に座《すわ》って、なにもしゃべらず、なにをやっているのかもわからない男。仲間たちは、タットのことをそんな風に思っていた。

彼は低い身分の出身だったが、ケンブリッジ大学のトリニティ・カレッジで自然科学を学び、化学を専攻《せんこう》して最優秀で卒業した。さらに大学院では物理化学を学び、途中で数学に転向したという、とにかく万能な思考の持ち主だった。

そのタットが、奇跡《きせき》を起こす。

「……よし……できた」

小さな声で、無表情にタットは言った。

なんと、手に入れた暗号通信のみを解析して、暗号機タニーがローターで生成した二つの違う文字列を合体して暗号キーにしていることを突《つ》きとめたのだ。

これだけで、すべての解析ができるわけではなかったが、大きな足掛《あしが》かりになる。

アランはさっそくタットと合流して、暗号文から通信文を解読する方法を編《あ》み出《だ》した。

「みんなで手分けして、解読を急ごう！」

エニグマ暗号は200台のボンブにまかせ、また筆算での地道な解読作業が始まった。

アランが発明した暗号解析の方法は「チューリング式」と呼ばれ、かなりの功績を上げた。

そんなある日――。

「ヒトラーはこの夏、ソ連のクルスクで、史上最大の戦車戦をしかけるつもりだ！」

1943年の夏、暗号を解いていた一人がとびあがった。

「なんだって！　早急にソ連に計画を知らせなければ、また大変な被害が出るぞ」

このクルスクの戦いで、イギリスは暗号解読で得た情報をすべてソ連軍に流した。まさか自軍の動きが丸見えになっているとはつゆ知らず、ソ連軍に次々と撃破《げきは》されたドイツ軍は、撤退《てったい》せざるを得なかった。

この勝利は大きなものだったが、この夏を過ぎると、「チューリング式」は通用しなくなってしまった。

「さすがに解読していることに気づいたようだな」

「設定をアップデートしやがった！　くそっ！」

ヒューがデスクを激しく叩《たた》いた。

「いよいよ、もうどうしようもないわね……」

ジョーンが独《ひと》り言《ごと》のようにつぶやく。

「あともう一息でドイツ軍を押し返せるって時に……何か手はないのか!?」

「ここはもう、彼に期待するしかないな……」

アランは、独《ひと》り言《ごと》のようにつぶやくと、よれよれのスポーツジャケットにくたびれたズボン姿《すがた》で、やれやれと無精《ぶしょう》ひげの生えた顎《あご》をさすった。

「彼?」

兵舎《へいしゃ》の誰も、アランが密《ひそ》かにすすめていた、新たな計算機の計画を知らなかった。

「トミー・フラワーズ。郵便研究局で電子式のコンピュータを開発している、電子工学の専門家だ。彼は、ボンブとは比べ物にならない、新しいマシンを作っているんだ」

それからしばらくして、トミー・フラワーズは、巨大な機械をトラックに積んでやってきた。

彼はポマードでかためた頭髪《とうはつ》に、汚れたつなぎ姿で、下町なまりのある英語で話した。

「ここがアランの兵舎だな? おいらはトミー・フラワーズ。よろしく!」

フラワーズは、しばらく前から、アランと計算機の研究をしていたと話した。

「あいつは、すげぇいいやつだ。アランは2年前、おいらの電子工学の知識を買ってくれて、おいらが提案《ていあん》する真空管を安定して使う方法の利点をわかってくれたのさ。それで1942年に、彼がおいらをマクスウェル・ニューマン博士に紹介してくれて、それから、暗号解読の仕事を手伝ってるんだ」

その巨大な電子式計算機は〝コロッサス〟と呼ばれていた。

これは、世界で最初のプログラミング内蔵型《ないぞうがた》のコンピュータだった。１９７０年代になるまで、その存在は隠《かく》されていたので、今なお、世界初と記録されてはいないのだが。

「こいつは、万能チューリング・マシンを理論のベースにしているんだ。真空管はすぐにショートすると言われているが、実は、常《つね》にゆるく通電しておけばかなりもつ。歯車じゃなく、真空管を使えば、歯車の物理的な速度が、電子の速度に変わるんだ。すごいだろう？　この設計のほとんどはおいらがやったんだぜ。こいつは超高速に計算を処理できる完璧《かんぺき》なマシンだ」

第８兵舎《へいしゃ》の誰もが、コロッサスを見て、目を疑《うたが》った。コロッサスのおかげで、１秒間に５千文字を処理し、すぐに１週間に１００通以上のメッセージを解析《かいせき》できるようになった。

フラワーズは、さらに改良を加え、１秒間に２万５千文字を解析するという驚異的《きょういてき》なスピードアップを実現した。


１９４５年、アラン・チューリングたち、ブレッチリー・パークの暗号解読者の仕事は終戦とともに終わった。ボンブとコロッサス、そして解読者たちは、何度もドイツ軍の攻撃《こうげき》を阻止《そし》し、多くの命を救った英雄《えいゆう》だった。だが、そのことは国家機密として、すべてがイギリスの歴史上から消去された。ここで起こった出来事も、素晴らしい成果も、その結果生み出されたコンピュータも、表向きはすべてなかったことになったのだった。

「それじゃあ、元気で。また、いつかどこかで」

そんな言葉を交わして、皆、バラバラの道へと歩み出す。平和がやってきた証《あかし》でもあったが、やはり別れは寂《さび》しいものだった。


戦後、アランは、ケンブリッジに戻り、国立物理学研究所の数学部門で研究生活に入った。

ここでいよいよ、汎用《はんよう》電子コンピュータの開発に挑《いど》むのだ。

アランはあまりにわくわくして、友人に「脳《のう》を作るぞ！」と意気込んで宣言《せんげん》したくらいだった。

ある日、アランが研究所で新型コンピュータの設計図を描いていると、数学部門長のウォームスリーが巨体を揺らして飛び込んできた。彼はアラン・チューリングをこの研究所へ連れてきた張本人《ちょうほんにん》で、長い間、アランを尊敬してきた人物である。そしてチャールズ・バベッジの熱烈《ねつれつ》な信奉者《しんぽうしゃ》でもあった。

「これ、見てください！　ノイマンが新たなコンピュータの設計について書いた『EDVACの第一草稿』、手に入れましたよ!!」

「EDVAC?」

アランは論文の束を受け取ると、さっと目を通した。

「なるほどね……」

口にはは出せなかったが、コロッサスに比べるとだいぶ見劣《みおと》りする設計だった。アランがそんなことを考えているとは思いもしないウォームスリーは、さらに熱を込めて語った。

「いやいや、僕は戦後すぐ、EDVACの前身にあたるENIACの視察に行ったんです。あれはとんでもないスピードで、可能性は無限大ですよ。あれを見てない人に、その素晴らしさを説明するのは無理かもしれないなぁ」

アランは、ただにやりとした。

——イギリスには、もっと高性能のコンピュータが誕生《たんじょう》していたんだ。

アランは、新たなコンピュータ「ACE」を計画した。しかし予算が足りず、プロジェクトは簡易《かんい》版《ばん》を造る方向で進んでいき、アランはすっかり興味をなくしてしまった。

1948年、アランは結局ACEの開発をあきらめ、マンチェスター大学に移籍《いせき》した。そこではコロッサスをもとに、コンピュータ「ベビー」の開発が進められていた。アランは開発の中心にはなれなかったが、ベビーを使って世界初の音楽プログラムを書き、脳のニューロンのシミュレーションなどを行った。

この時、アランは、人間の脳と同じことができる機械を造ることを考えていた。

彼は1951年に「計算機と知能」という論文を発表した。これは、難解《なんかい》な数学論文ではなく、一般の人が読んでもわかるように書かれている。アラン・チューリングは、その論文の中で、有名なチューリングテストを考案した。

「『機械は考えることができるのか』について考えてみたい。それには、『機械』とは何か、『考える』とはどういうことか、まず定義する必要がある。皆がいつも使っている『機械』や『考える』という言葉からその答えを見つけるのは難しいので、簡単なテストをすることで、その意味をあぶり出してみよう。それが、私の提案《ていあん》する、イミテーションゲームだ」

マンチェスター大学のスタッフたちに、アランは説明をした。

「例えばだ。お互《たが》いの姿《すがた》が見えない別々の部屋を用意する。まず質問をする審判員《しんぱんいん》が君だ、スティーブ。回答をするコンピュータが、このベビー。同じく回答をする人間がジェーンだとする。三者には、それぞれ別の部屋に入り、お互いに、文字を使って会話をしてもらうんだ。スティーブは、ベビーとジェーンの会話を読んで、どちらがコンピュータかを当てる。もしスティーブが、ベビーのほうが人間だと判断《はんだん》したら、それはベビーがじゅうぶん〝人間的〟だったと言える」

「確かに、機械がじゅうぶん人間的であれば、『人間との違いはどこにあるのか？』ということになりますね」

さらにアランは補足した。

「つまり、人間らしさとはなんなのか？　ベビーとジェーンの脳《のう》には違いがあるのか、ということだ。人間が考える時、その知性は、神経細胞《しんけいさいぼう》のアルゴリズムが生み出すなんらかの計算の結果ではないか？　ということさ」

アランは、マンチェスター大学に移ってからは極《きわ》めて個人的な研究に打ち込んだ。大学の近くに赤いレンガの家を買い、そこに腰《こし》を落ち着けて、ランニングに熱中し、時に友人たちと穏《おだ》やかな時間をともに過ごした。

アランにとって、平和な、満ち足りた日々だった。


そんなある日、アランは逮捕《たいほ》されてしまう。罪状《ざいじょう》は同性愛だった。今では信じられないことだが、当時イギリスでは、同性愛は刑務所に投獄《とうごく》される罪だったのだ。

アランの、コンピュータで人間の脳を再現しようとする研究は、世間でも有名だった。

アラン・チューリングの名も知れ渡っており、アランは、そのスキャンダルによって世間の注目の的となってしまった。

雑誌や新聞はこのスキャンダラスな事件について騒《さわ》ぎ立《た》て、栄誉《えいよ》ある王立協会の特別研究員の地位は剥奪《はくだつ》、マンチェスター大学からも追放になった。そしてしばらく、彼は世間からの好奇《こうき》の目と、いわれのないバッシングにさらされた。皮肉にもそれは、かつて彼が必死に守った、イギリスの市民たちからのものだった。

アランは投獄を免《まぬが》れる代わりに、同性愛を「治療《ちりょう》」する薬の投与を受け入れた。

薬の副作用は酷《ひど》いものだったが、アランはあっけらかんとしていた。

「はは、自分の体にどんな作用があるのか、実験だ。面白いじゃないか」

友人たちは心配したが、「権威《けんい》やいわれのないバッシングなんてものは、自分には意味がないことだから大丈夫《だいじょうぶ》だ」と、彼は笑って言った。

しかし、1954年6月8日、アランは自宅のベッドで亡くなっているところを発見された。ベッドの横には一口かじったリンゴが落ちていて、部屋には青酸《せいさん》の入った瓶があった。死因は青酸中毒。当時、自殺と断定された。イギリスを救った天才数学者は、犯罪者《はんざいしゃ》として、この世を去ってしまった。

彼がようやく名誉《めいよ》を挽回《ばんかい》できたのは、死後20年を経た、1970年代になってからだった。

第二次世界大戦中に、アラン・チューリングと、ブレッチリー・パークで働いていた多くの人がなしとげた偉業《いぎょう》が明らかにされたのだ。これをきっかけに、今まで世に出ることのなかった彼の研究がようやくふさわしい評価を得ることになった。

1999年、「タイム」誌は、チューリングを「20世紀の最も重要な100人」の一人に選び、彼の功績を称《たた》えて次のように記した。

「今、コンピュータのキーボードを叩《たた》いている誰もが、チューリングマシンの化身《けしん》を使いこなしている」

科学の
先駆者たち

コンピュータを創造した、人間コンピュータ

ジョン・フォン・ノイマン

1957年2月、アメリカ、ワシントンDC。一人の天才がこの世を去った。第二次世界大戦中、その頭脳《ずのう》でアメリカに勝利をもたらした数学者、ジョン・フォン・ノイマン。ユダヤ系で、ハンガリーからの移民である。

軍の医療《いりょう》センターの一室には、その最期に立ち会おうと国防長官《こくぼうちょうかん》や軍の長官といった政府高官たちがつめかけ、ずらりと彼のベッドを囲《かこ》んでいた。やがて医療器具《いりょうきぐ》がノイマンの体から外され、すべての音が鳴り止むと、妻クララは、彼の枕元《まくらもと》に一冊のノートをそっと置いた。

「コンピュータと脳《のう》について」

彼が最後に準備していた講義《こうぎ》のための論文だ。書きかけだったそのノートをめくりながら、クララはつぶやいた。

「人類史上最高の頭脳《ずのう》……いえ、人間のふりをした悪魔《あくま》と言われたあなたが何を考えていたのか、もう今となっては知ることができないのね。ジョニー、あなたは一体、どんな未来をみていたの？」

1941年12月7日（日本時間8日）。アメリカ合衆国《がっしゅうこく》ニュージャージー州にあるプリンストン高等研究所に、前代未聞《ぜんだいみもん》の一報が入った。

〝本日、ハワイの軍港、真珠湾《しんじゅわん》への日本軍による奇襲攻撃《きしゅうこうげき》あり。アメリカ太平洋艦隊壊滅《かんたいかいめつ》。大型戦艦次々と沈没《ちんぼつ》。戦艦アリゾナは1000人の乗組員と共に沈《しず》んだ模様。現在の推定《すいてい》死者1500人以上〟

この知らせはすぐに研究所内全体に伝わった。あるものは怒り、あるものは呆然《ぼうぜん》として言葉を失い、研究所はたちまち混乱に陥《おちい》った。東アジアの小さな島国である日本が、大国アメリカに対して無謀《むぼう》ともいえる攻撃《こうげき》をしかけてくるとは、誰も予想をしていなかったのだ。

「なんという無知な国家だ！」

「奇襲攻撃だと⁉　卑怯《ひきょう》なやつらめ！」

研究所にいる誰もが新たな情報を得ようと右往左往《うおうさおう》していた。廊下《ろうか》を行きかう足音があわただしく響《ひび》く。ある女性職員は、小花柄《こばながら》のスカートを握《にぎ》りしめ、泣きながら叫《さけ》んでいる。

「私の彼が真珠湾の基地《きち》で働いているの！　基地はどうなったの⁉　誰か知りませんか！」

「確かなことはまだわからないんだ。きっと大丈夫《だいじょうぶ》。さぁ、座って」

そう言って彼女をなだめる同僚《どうりょう》も、言葉とは裏腹《うらはら》にどこか落ち着かない様子だ。

だが、プリンストン高等研究所の教授にして、国防研究委員の一人であるジョン・フォン・ノイマンだけは冷静だった。彼にとっては、まったく予想外の事態ではない。

「いよいよ始まったか……ますます忙《いそが》しくなるな」

彼は論文を書く手を一瞬《いっしゅん》止め、ドアのほうをちらと見たが、すぐに意識をノートへと戻《もど》した。今、このドアを出て行って状況を確かめたところで、これ以上の情報が得られるわけでもなし。感情的になっている誰かの相手をさせられて、何の進展《しんてん》も結果も得られぬまま、時間を無駄《むだ》にするばかりだ。

──きっかけが日本かどうかはさておき、いずれアメリカが第二次世界大戦に参戦するのは分かっていた。それよりもアメリカがようやく重い腰《こし》をあげた今、もっと処理速度《しょりそくど》の速い計算機が必要だ。開発を急いでもらわなくては。

コンコン。

論文の計算式を書きながらそう考えていると、ノックの音がした。

——誰だ？　……今は計算に集中させてくれ。

ノイマンは思考を邪魔《じゃま》されるのが何より嫌《きら》いである。だが、他人に不愉快《ふゆかい》な思いをさせるのはもっと嫌いだ。最も礼儀正《れいぎただ》しい対処法として、完全なる無視《むし》をつらぬいた。

コンコンコン。

だが、それでもノックの音はやまない。ノイマンが眉《まゆ》をひそめた時、扉《とびら》の向こうでなじみのある声がした。

「僕だよ、ジョニー。少し話したいんだが、いいかな？」

ノイマンがようやく立ち上がると、重さで縮《ちぢ》こまっていた椅子《いす》がギシッと音をたてた。やれやれ、40歳を目前にして、近頃《ちかごろ》急にスーツがきつくなってきた。ノイマンはワイシャツを整え、扉を開けた。

ユージン・ウィグナーは落ち着かない様子で、しきりに両手をこすり合わせながら立っていた。

「邪魔してすまないね。とうとう戦争が始まると思うと、いてもたってもいられなくて」

ノイマンとウィグナーは共にハンガリー出身で、同じギムナジウム（現在の日本でいう中学・高校）に通っていた学友である。当時、ノイマンのような途方《とほう》もない天才にとって、話が合う友だちは、ウィグナーしかいなかった。ウィグナー自身も、後にノーベル物理学賞を受賞する稀有《けう》な天才だった。子ども時代に、そんな存在がたった一人でも近くにいたことは、ノイマンにとって本当に幸福なことだった。

　ノイマンは1903年にハンガリーの富豪《ふごう》の一族に生まれた。物心つく頃には神童《しんどう》と呼《よ》ばれ、10歳でハンガリーきっての名門ギムナジウムに入学したが、ノイマンにとって、そこでの勉強は大人が絵本を読むように物足りないものだった。校長の計らいで、ノイマンだけは特別に大学の教授に高度な指導《しどう》を受けた。人懐《ひとなつ》こく、礼儀正しい（そして頭がいい）ノイマンは、クラスの友だちとも仲よく過ごしてはいたが、正直なところ、とうてい話が合うとは言えなかった。本当の友だちは一人もいない。

　そんなときに出会ったのが、1学年上のウィグナーだ。ノイマンはギムナジウムの中庭で数式を解いているらしい少年を見つけて、思わず声をかけた。

「何をしているの？　面白そうだね！」

　少年が手にしているメモには、数式が書かれている。ノイマンはわくわくした。少年が驚《おどろ》いて顔をあげる。その顔には、「面白そう？　この子、そう言った？」という心の声が表れていた。

「やあ、この数論の問題をどうしても解きたくてさ！　だけど、えらく難しいんだ。いいかい」

　少年が、どうせわかりっこないだろうけど……と、あきらめ気味に説明を始める。

ノイマンは目を輝《かがや》かせ、身を乗り出してその数式を見た。

「僕、この定理知ってるよ。確かに難しいけれど、解けるかもしれない」

「え！　本当に!?」

「それならこの定理と、あの定理を使って……ここで、こうして、よし、っと。これで解けた！」

ノイマンは、ここ数日少年がずっと考え続けてきた数論の問題を、あっという間に解いてしまった。少年はびっくりすると同時に、この下級生に興味がわいた。

「すごいね、君！　めちゃくちゃ面白い解き方だ！　僕はウィグナー、物理学を勉強しようと思ってるんだ」

ウィグナーはノイマンより１学年上だったが、二人はすっかり意気投合《いきとうごう》して、それからの月日を共にしてきた。大学時代のベルリンではカフェに集《つど》い、卒業して教授となってからは共同で研究もした。お互《たが》い未来ある有能な青年だったが、ノイマンもウィグナーもユダヤ系であったために、ハンガリーで公職《こうしょく》につくことはできなかった。やがてナチスがヨーロッパを蹂躙《じゅうりん》し始め、故国《ここく》の未来に失望した二人は、アメリカ合衆国へと渡ってきたのだった。現在、ウィグナーは、お隣《となり》のプリンストン大学で数学の教授を務めている。そして時々ノイマンを訪ねてきて、研究の助言を求めたり、息抜きの世間話をしたりするのだ。

「今日は、大学の講義は無いのかい？」

ノイマンが聞くと、ウィグナーは親指で騒々《そうぞう》しい廊下《ろうか》を指さした。

「今日は講義どころじゃないさ。学生たちも真珠湾《しんじゅわん》のニュースに気をとられて、講義を聞くどころじゃない」

「確かにね」

「ジョニー、核分裂《かくぶんれつ》が発見されてから、そろそろ3年が経つ……ドイツでも核爆弾《かくばくだん》の開発が進んでいるというんだが、アメリカの今後の核開発について何か聞いてるかい？　軍や政府の中枢《ちゅうすう》とつながりがある君なら、何か知っているんじゃないか？」

ウィグナーが探るような視線を送ると、ノイマンは声をひそめて言った。

「シラードが書いた核開発を進言する書簡《しょかん》に、アインシュタインの署名《しょめい》をつけてルーズベルト大統領《だいとうりょう》に渡したことは聞いてる。物理学者のテラーと、素粒子《そりゅうし》研究の第一人者である君が関わっているということも、ね」

レオ・シラードとエドワード・テラーは共にハンガリー出身のユダヤ系物理学者で、どちらもやはり天才と呼《よ》ばれていた。ノイマン、ウィグナーとは同年代で、よく知った仲間である。

ウィグナーは、曖昧《あいまい》に少しうなずいた。

「日本のように、ドイツだっていつ何をしてくるのか分かったもんじゃない……彼らがもし核兵器を手にしたらと思うと、僕は恐《おそ》ろしいんだ……」

「大丈夫《だいじょうぶ》さ。ドイツは優秀なユダヤ人科学者を全員追放したからね、もう、ろくな学者が残ってない。だから核開発《かくかいはつ》は進まない。僕の予想だと、アメリカでも来年には核兵器の開発が始まるはずだから十分間に合うさ。勝負はこれからだよ、ウィグナー。アメリカには、僕ら4人がいるんだから」

ノイマンがそう言ってにっこりと笑うと、ウィグナーはただ肩《かた》をすくめてみせた。

間もなく、アメリカは真珠湾攻撃《しんじゅわんこうげき》を機に第二次世界大戦に参戦した。

「ルーズベルト大統領は、戦争は絶対にしないと言っていたのに……。結局、最前線で多くのアメリカ兵が戦ってる。身近なところで戦死の話も聞くようになってきたわ……」

ノイマンの二人目の妻、クララは非難《ひなん》するような口調で、読んでいた新聞を革《かわ》のソファーに投げ捨てた。

「クララ、心配しなくても、アメリカ本土が戦場になることはないし、僕らが戦場に行くこともない。ハンガリーにいた時とは、状況が違うよ」

パジャマに着替《きが》えたばかりのノイマンは、少しうんざりして妻をなだめたが、クララの不安はそれだけでは収まらない。安住の地を求めてアメリカに移住しても、結局戦争から逃《のが》れることはできなかった上に、今やノイマンの研究の半分以上が戦争に関連しており、戦火が広がれば、ノイマンの仕事も増えるばかりだ……。クララは、ほとんどの時間をたった一人で過ごさねばならなかった。再婚してから3年というもの、二人だけの時間など、ほとんどない。

「お休みをもらうことはできないの？」

「いや、そうも言ってられないよ、この状況じゃ」

「ジョニー、戦争が激しくなって今より仕事が増えたら、あなた、もう寝《ね》る時間を削《けず》るしかないじゃない。ホワイトハウスと、陸軍、それから戦争省。3つの政府の機関から次から次へとお仕事がきて、毎日東海岸を北に行ったり、南に行ったり……」

「それが……。今度、もう一つリストに加わりそうなんだ」

ノイマンはバツが悪そうに言った。

「もう一つ？　どういうこと？」

「それ以上は国家機密だ。詳《くわ》しくは家族にも教えられない」

クララは、事務的に答えるノイマンの言葉に、こみあげてくる涙《なみだ》を必死にこらえた。

「私をなんだと思っているの？」

最初の妻、マリエットにも、度々そう責《せ》められた。

「君はとても大切だ。だけど、これが僕の仕事なんだ」

仕事。ノイマンはいつもそう言うが、それは半分本当で、半分嘘《うそ》だった。彼は、睡眠《すいみん》時間は4時間、それ以外の時間のすべては楽しいことに使うと決めていた。「楽しいこと」とは、つまり思考することだ。彼にとって、複雑な弾道《だんどう》の計算は夢中になれる楽しみだった。

最近研究し始めた計算機科学も面白く、自己増殖《じこぞうしょく》する自動機械「オートマトン」という新たな概《がい》念《ねん》の定式化にも取り組んでいる。さらには、ノイマンが生んだゲーム理論を経済学で展開するモルゲンシュテルンとの共同研究など、彼の「楽しみ」は尽《つ》きることがなかった。彼にとって科学は仕事ではない。科学は彼のすべてなのだ。

「わかってるわ、あなたほどの才能を、私が独《ひと》り占《じ》めするわけにはいかないってことくらい。私はまるで高い草にへばりつく虫みたい」

ノイマンは何も言わなかった。この状況に対する論理的《ろんりてき》な正解はある。彼女に自分の仕事がいかに重要で、またノイマン自身にとってどれだけ大切なものか、丁寧《ていねい》に説明して納得してもらうことだ。だが、彼女にとって大切なのは、そういう論理ではないということは、ノイマンにも分かっていた。だからこそ、苦手だ。思考がかみ合わない。感情に流されるのは、どうにも好かない。

ノイマンは、静かに彼女のそばを離れた。


翌年、1942年10月、ルーズベルト大統領《だいとうりょう》は核兵器《かくへいき》開発プロジェクトを承認《しょうにん》し、極秘《ごくひ》プロジェクト、マンハッタン計画を始動。アメリカ中西部のほとんど無人だった僻地《へきち》、ロスアラモスに、その拠点《きょてん》が置かれた。その名は、ロスアラモス国立研究所。原子物理学者のロバート・オッペンハイマーが所長に就任《しゅうにん》し、彼のもとに、ナチスの弾圧《だんあつ》を逃《のが》れた天才科学者たちが集結した。中でも、ウィグナーとノイマンを含《ふく》むユダヤ系科学者4人は、その優秀さを買われ、極秘《ごくひ》プロジェクトの中枢《ちゅうすう》を担《にな》った。

ことノイマンは、その人間離れした知能から、「火星人」と言われることもあった。彼は1940年から2年にわたり、陸軍弾道《だんどう》研究所の諮問委員《しもんいいん》として、大砲《たいほう》などの弾道計算を主導《しゅどう》してきた。その実績から、爆発計算《ばくはつ》のスペシャリスト、このプロジェクトの救世主として招かれたのだった。

1943年秋、ノイマンはロスアラモス国立研究所に足を踏《ふ》み入《い》れた。そこでは頭を抱《かか》えた科学者たちが、銀色に輝くプルトニウムの玉を前に、ああでもない、こうでもないと言い合っていた。

「報告書は読ませてもらった」

ノイマンが分厚《ぶあつ》い報告書を片手にペラペラとめくっているところへ、一人の科学者が弱りはてたといった様子で説明する。

「爆発の際、プルトニウムが飛び散ってしまって、期待する威力《いりょく》にまったく届《とど》かないんです」

「二種類の火薬をタイミングよく爆発させることで一気にプルトニウムを圧縮《あっしゅく》できればと考えているのですが、まだ設計の基礎《きそ》も見えていないのが現状です」

「だから、それは……」

ノイマンが説明を聞いている間に、また科学者たちの議論が再開する。

ノイマンは設計図を眺《なが》めながらあごをなでた。それから人懐《ひとなつ》こく、にっこりと笑って言った。

「ネッダーマイヤー博士に今すぐ会いたいのだが」

「ネッダーマイヤー博士ですか？　彼は爆縮《ばくしゅく》による起爆の実験中です……が、彼の爆縮の案はあまり現実的とは思えません。爆薬の配置や適切な火薬量などを割り出すのは、ほぼ不可能ですよ」

大方《おおかた》の科学者は「爆縮」という技術に否定的《ひていてき》だった。しかし、ノイマンはきっぱりと言った。

「おそらく、原子爆弾は爆縮なしには成功しない。そして配置や火薬量について計算するのに少なくとも半年は必要だ。だから今すぐ始めなければ！」

ノイマンが科学者たちを納得させるために、爆発物の配置や爆発時の力学について講義《こうぎ》を行うと、研究所は一気に爆縮技術の開発へと動き出した。半年に及《およ》ぶ実験の後、ノイマンは、設計のための複雑で気が遠くなるような計算に入ったのだった。卓上計算機《たくじょうけいさんき》（コンピュータと呼《よ》ばれた）に手で打ち込み、ひたすら繰《く》り返《かえ》し計算をさせる。女性中心で20人のチームが組まれ、黙々《もくもく》と爆縮に向けた計算が進められたのだが……。

１ヵ月……２ヵ月……３ヵ月が経過《けいか》しても、まだ先が見えない。

「こんなスピードで計算していたら、とてもじゃないけど実現なんて不可能だ……」

誰もがそう思った。そこでノイマンは、もっと効率的《こうりつてき》な方法を見つけることにした。ＩＢＭのパンチカードに書かれた命令「プログラム」で動く計算機を導入《どうにゅう》し、20人の計算チームと競争《きょうそう》させることにしたのだ。人間の打ち込みと、パンチカードに書かれたプログラム、どちらが勝つのか。人間対機械のこの勝負は、昼夜を問わずフル稼働《かどう》できる機械の勝利だった。しかし、それでもまだ結果が出せない。

ノイマンはどこかでもっと高性能な計算機が開発されていないだろうかと、ＩＢＭや、政府機関、ベル研究所、ハーバード大学など、さまざまなつてをたどってみた。それぞれが独自に計算機開発を進めてはいたが、どれも期待はずれ……。

でも、だからこそ、ノイマンは計算機にがぜん興味がわいた。自分がやるしかないのかもしれない。そう考えたノイマンは、自らIBM計算機のプログラムを勉強し始めた。

——もっと計算の速いマシンを開発しなければ、ドイツに先を越されてしまう……。

焦《あせ》りは募《つの》る。だが、今はまだ、自分で新しいプロジェクトを立ち上げることはできない。政府の仕事が山積みだ。効果の高い砲弾《ほうだん》や射撃法《しゃげきほう》の開発、機雷《きらい》に対する対処法のリサーチ、さらに戦闘機《せんとうき》の空力計算。ノイマンのもとには、戦争に関する仕事が次々と持ち込まれた。数ヵ月をワシントンに出張し、翌年はイギリスに赴《おもむ》く……。政府のためのプロジェクトを次々と渡り歩く生活だった。

本当は読みたい本が山のようにあったし、自主的に進めている研究だっていくつかある。1月にモルゲンシュテルンと共同で出版した『ゲーム理論と経済《けいざい》行動』は経済学界で旋風《せんぷう》を巻《ま》き起《お》こしていたが、今はそれに割《さ》く時間は一秒もなかった。

——本当は純粋《じゅんすい》な数学をやりたい……でも、これからの自分は戦争のために応用できる数学をやる。それが使命だ。もう純粋な自分ではない。

年が明けて、1944年夏。

ノイマンは、陸軍の弾道研究所《だんどうけんきゅうじょ》での会議を終え、アバディーン駅でフィラデルフィア行きの電車を待っていた。家に戻《もど》ったら久しぶりにクララと食事にでも出ようと考えていたところ、不意に声をかけられた。

「ノイマン先生ですか?」

振《ふ》り返《かえ》ると、そこには眼鏡《めがね》をかけ、ひょろりとした青年が立っていた。いかにも研究者という風情《ふぜい》だが、誰だかわからない。ノイマンは人の顔を覚えるのが大の苦手なのだ。

「やあ、え～と……」

相手に失礼のないよう、なんとか名前を思い出そうと数式のつまった頭脳《ずのう》をフル回転させていると、その青年は言った。

「私、弾道《だんどう》研究所で射表《いひょう》計算に取り組む数学者の一人なんです。でも先生にお会いするのは初めてです！　まさかこんなところで会えるなんて。奇跡《きせき》だ！」

青年はいささか興奮気味《こうふんぎみ》だった。そうか、初対面だったのか。忘れていたわけではないことにほっとして、ノイマンはいつもの人懐《ひとなつ》こい笑顔《えがお》で挨拶《あいさつ》を返した。

「それはありがとう。僕も弾道研究所からの帰りでね。この駅はよく使うんだ」

彼は、ハーマン・ゴールドスタインと名乗った。

「先生の論文、読んでいます。とても斬新《ざんしん》で分かりやすくて、こんな考え方があったのかと毎回感心させられます。……あっ！　なんだか偉《えら》そうに言ってすみません」

「いやいや、ありがとう」

しばらくはたわいもない会話だった。ノイマンは数学に情熱を傾《かたむ》ける青年との出会いを楽しんでいた。

「それで、君が今興味をもっている研究は？」

ノイマンは何気なく尋《たず》ねた。ゴールドスタインは嬉《うれ》しそうに答える。

「そうですね、今コンピュータの開発に携《たずさ》わっていて、それはもう夢中になっています！」

――なんだって!?

「コンピュータというと……？」

ノイマンの目の色が変わった。

「ええ、ムーアスクールから凄腕《すごうで》の工学者を招《まね》きまして、世界最速のコンピュータを目指して製造《せいぞう》を……」

ゴールドスタインが言うと、ノイマンは今までの気のいい中年男性の顔から、世界有数の数学者の顔に変わった。するどい眼差《まなざ》し。そしてまるで大学院の卒業試験さながらに、次々に専門的《せんもんてき》な質問を投げかけたのだった。

――なるほど、このプロジェクトは、陸軍が主導《しゅどう》していたのか。合点がいった。以前から、しつこく陸軍所属の弾道研究所に高性能の計算機を要望していたかいがあったというものだ。これは使えるかもしれないぞ……！

「ゴールドスタイン君、もしよければ……」

ノイマンが言いかけた時だ。

「もしよろしければ、開発中のコンピュータを見ていただけませんか。ぜひ先生のご助言をいただきたいのです」

ゴールドスタインも、この大数学者を逃《に》がすまいとたたみかけた。ようやくノイマンは気のいい中年男性の顔に戻《もど》って、にっこりと笑った。

「ぜひとも！　……ところで、君はロブスターは好きかね？　アバディーンにおすすめのレストランがあるんだ。今度、そちらも一緒にどうかね？」

そして、それから2、3日後には、ノイマンはコンピュータの視察《しさつ》のため、ペンシルバニア大学を訪れていた。そのコンピュータの名前は、ENIAC《エニアック》。アメリカ陸軍弾道研究所の依頼《いらい》で、ペンシルバニア大学が開発した砲撃射表《ほうげきしゃひょう》計算用のコンピュータだ。陸軍所属の数学者ハーマン・ゴールドスタイン中尉《ちゅうい》が指揮《しき》し、ムーアスクールの工学者ジョン・エッカートとジョン・モークリーが中心となって開発したものである。

だが、かの数学者ジョン・フォン・ノイマンが視察に来ると聞いて、工学者のエッカートは面白くはなかった。

「ふ～ん。彼がコンピュータについて何を知っているっていうんだ？　どうせ理屈《りくつ》だけこねまわしているんだろう？　僕らは実際にコンピュータに触《さわ》って、実機で研究してきているんだ。ノイマンが本物かどうかは、最初の質問だけで判断《はんだん》できる。マシンの論理構造《ろんりこうぞう》について質問するようならよし、そうじゃなけりゃ、何もわかってないってことさ」

ＥＮＩＡＣは、十進法で計算を行うコンピュータだ。１万７０００本の真空管《しんくうかん》と、１５００個のリレーが装備《そうび》されたパネルで、部屋の壁《かべ》は埋《う》め尽《つ》くされ、それぞれの装置から延《の》びるケーブルは、複雑《ふくざつ》に交差して別の装置へと接続していた。幅《はば》30ｍ、高さ２・４ｍ、奥行《おくゆ》き０・９ｍ、重さ27トン。前例がないほど巨大《きょだい》な装置だった。

ムーアスクールの研究室でそれを見たノイマンは、すっかり圧倒《あっとう》された。そしてもちろん、論理構造について最初に質問した。エッカートは肩《かた》をすくめてみせただけだったが。

「しかし、なぜこれだけのマシンについて、私の耳にまったく入ってこなかったんだ？」

ノイマンは、「まいったな……」という風に頭に手をおいた。

「弾道研究所は、僕たちの作っているマシンにあまり興味がないようでした。ＩＢＭやハーバード大学のマシンに期待しているようです」

ゴールドスタインが言うと、モークリーが続けた。

「僕ら、ムーア校の若い工学者ってだけで、なめられたもんさ」

それからノイマンは数週間おきに、この研究室を訪れるようになった。

残念ながらロスアラモスでＥＮＩＡＣを利用することはなかったが、この年の年末には、ノイマンとムーアスクールのチームは新たなコンピュータの計画を開始した。

一方、マンハッタン計画もなんとか進んでいた。爆縮《ばくしゅく》の計算も、ＩＢＭのパンチ式計算機の活用で、ようやく完成を見たのだった。

爆縮によって、プルトニウムは一瞬にして臨界点《りんかいてん》に達し、巨大《きょだい》な爆発《ばくはつ》を起こす。ロスアラモスに集《つど》ったこの科学者集団と、半年をかけた計算の結果がなければ、決して実現しない技術だった。この爆縮技術をもちいた原子爆弾《げんしばくだん》が完成すれば、アメリカは地球上で最もすさまじい力を持つ国になる。この技術は国家最大の機密情報《きみつじょうほう》となった。

だが、5月にはドイツが無条件降伏《むじょうけんこうふく》。連合軍側がドイツの軍事基地や、科学兵器工場などに入って調査を行ったところ、衝撃《しょうげき》の事実が明らかになった。ドイツは早々に核開発に失敗し、原子爆弾の開発をあきらめていたのである。これにより、アメリカの「ドイツより先に原子爆弾を完成させる」という大義が失われてしまった。

では、これ以上開発を続ける意義とは何なのか？　科学者たちは、その問題に苦しめられることになった。

「僕は、今、とても迷《まよ》っています……」

研究所で働く若い物理学者、リチャード・ファインマンに打ち明けられ、ノイマンは眉《まゆ》をぴくりと動かした。

ファインマンは、ノイマンが研究室から廊下《ろうか》に出てきたところをつかまえて、「散歩に行きませんか」と、誘《さそ》ったのだった。ノイマンはにっこりと笑って「行こうか」と言い、二人は少し歩いて、人工池のほとりでベンチに座《すわ》った。

「……ジョセフ・ロートブラット君は、ロスアラモスを出て行ったそうだね」

ノイマンは、ファインマンの胸《むね》の内を察《さっ》していた。原子爆弾の完成を目前に、それを完遂《かんすい》すべきか、それともこの強大すぎる危険《きけん》な爆弾から手を引くべきか、多くの科学者が葛藤《かっとう》している時期だった。彼もきっとその一人なのだろう。

「ジョセフは奥さんをナチスに殺されて、その復讐心《ふくしゅうしん》から研究に参加したそうです。でもドイツに核兵器がないとわかって、もうここにいる必要がなくなったと言っていました。彼は、罪《つみ》なき人々を殺す計画には参加しない、誰にも自分のような思いをしてほしくないから……そう言って去りました。それは僕だって同じです。だから……」

「気持ちはよくわかるさ」

ノイマンは優しくさえぎった。

「人は皆、自分の利益に妥当《だとう》な行動をとる。それだけさ。悪も正義も、それはどちらの側にいるかで決まる。ある状態において、Aの利益と、Bの利益が相反《あいはん》していれば、争いになる。そして争いの過程で両者の利益のバランスがとれると、その争いは止まる」

ファインマンは、何も言わずにうつむいている。ノイマンは続けた。

「たとえば、ここに一つのパンがある。君と僕、どちらかしか食べることができない。パンは僕の手にある。君は僕からパンを奪《うば》って走り去る。僕はパンを食べたいが、走るのはいやだ。僕はパンをあきらめる。君はハッピー、僕は悔《くや》しくてたまらない。だが争いは終わる。この地点を鞍点《あんてん》という」

ノイマンはファインマンの瞳《ひとみ》をのぞき込んで言った。

「感情に流されようと、流されまいと、争いはこの鞍点で止まる。いかに素早くその鞍点に到達《とうたつ》できるかで、この戦争の犠牲者《ぎせいしゃ》の総数を減らすことができるんだ。僕ら科学者は、それを見つけるのが仕事さ。どちらの側にも、生き残る者も、死ぬ者もいる。どうしようもない。その責任を自分が背負《せお》うべきか、僕らが考える必要はない」

ファインマンは少し心が軽くなった。終戦後、ファインマンはこの時の自分の判断を後悔《こうかい》することになるのだが、少なくとも、この時はその言葉を信じるしかなかった。

「僕らは、この世界に責任を持つ必要がない……」

ところが、このファインマンの迷《まよ》いは、ノイマン自身の迷いでもあった。

——今まで学んだ知識を、大量破壊兵器《たいりょうはかいへいき》などに使うのか？　僕は、人の命を奪《うば》うために科学者になったわけじゃない……。

この少し前、まだ春浅い頃のことだ。その日、クララはノイマンの帰宅にあわせて夕食の準備をしていた。久しぶりの帰宅だった。ドアベルの音で扉《とびら》を開けると、そこには憔悴《しょうすい》しきった顔のノイマンが立っていた。彼は無言のままベッドルームに上がっていき、倒《たお》れ込《こ》んで寝《ね》てしまった。

「まさか、体調が悪いのかしら」

こんなことは初めてで、クララは心配でいてもたってもいられなかった。

「ジョニーが目を覚ましたら、すぐに食事がとれるようにしておかなくちゃ……」

しかし、ノイマンはこの日食事もとらずに12時間も寝続けたかと思うと、夜中に起き出し、妙《みょう》にうろたえて異様《いよう》な早口で話し始めた。

「ああ、そうだ、僕らが今作っているのはとんでもない怪物《かいぶつ》さ！　この世界の歴史を変えてしまう。完全に!!　だが……だが、僕は科学者だ。それでもやり遂《と》げなければならない。それがどんなに恐《おそ》ろしいことだとしても!!　これが悪夢《あくむ》の始まりに過ぎないとしても……」

こんなノイマンを見たのは、後にも先にもこの時だけだった。クララはノイマンを落ち着かせるために、背中をさすり、「お薬をのんだらどうかしら」と、声をかけるのが精《せい》いっぱいだった。

1945年7月16日、世界初の核実験がニューメキシコ州の砂漠《さばく》で行われた。結果は大成功だった。実験は未明に行われ、原子爆弾はまだ薄暗《うすぐら》い砂漠を昼のように照らしだした。この日から人類は核の脅威《きょうい》と共に生きることになった。

しかし、この現場にノイマンはいなかった。彼は国防研究協議会の顧問《こもん》として、今後の戦術を検討《けんとう》するためにプリンストンへ戻《もど》っていた。

そして、その少し前、ENIACの後継機《こうけいき》、EDVAC《エドバック》のプロジェクトも始まっていた。

これまでに、ノイマンとエッカート、モークリー、そしてゴールドスタインは、何度も意見を交換《こうかん》し合ってきていた。

「EDVACは、ENIACのようにあらかじめ決められたタイプの問題を解くだけではなくて、多様な計算に柔軟《じゅうなん》に対応しなければならない。今回はその論理設計をした。それがこれ……」

ノイマンが黒板に図と数式を書き込む。

「僕らも、様々な用途《ようと》に使えるコンピュータを想定して初代のENIACを設計したんですが、あれは仕組みが複雑《ふくざつ》すぎました。いちいちケーブルを差《さ》し替《か》えて、異なる計算に対応するようでは、柔《じゅう》軟《なん》に対応できるとはいえない……」

「もちろん、すべてを内部で行わなければ意味がない。それには情報の打ち込み、内部処理、結果の出力を、モジュールを分けて処理するのがいいと思う」

ノイマンが書いた数式をチョークでつつきながら提案《ていあん》すると、エッカートは黒板をにらんで腕《うで》を組んだ。

「……もちろん、それは僕らも考えていますが、それには……」

モークリーが実際の機械をどのように組み立てればうまくいくか、アイデアを出す。

こんなやり取りを何度も重ね、チームは一丸となって新型コンピュータの開発に取り組んだ。

ノイマンは、その全体を「メモ」にまとめ、6月にゴールドスタインに渡した。原爆実験を目前にした多忙《たぼう》な時期に、ロスアラモスの業務の合間を縫《ぬ》ってまとめたものだった。

ゴールドスタインは、そのメモを清書して論文にまとめ、関連する機関や、研究者に配った。より多くの人に注目してもらうため、著者は有名な数学者である、ジョン・フォン・ノイマンとした。

EDVACの特徴として最も際立《きわだ》っているのが、「入力→中央処理→出力」という現代のコンピュータの基本構造を作りあげている点だ。この中央処理装置は「プログラム内蔵式」で、ボタンの切《き》り替《か》えによって、一台の機械が多様な処理をこなせる仕組みだ。

ムーアスクールの工学者とノイマンが一丸となって作り上げたこの設計方式は、ゴールドスタインの配った論文によって、「ノイマン式」と呼《よ》ばれるようになった。

だが、これが後に火種となる。

論文に自分たちの名前がないことを知ったエッカートとモークリーが、ゴールドスタインのところへ顔を真っ赤にして駆《か》け込《こ》んできた。

「どういうことなんだ⁉ EDVACを、誰もが〝ノイマン式〟なんて言ってるぞ⁉」

エッカートは例の論文をくしゃくしゃにして、ゴールドスタインのデスクに叩きつけた。

「EDVACと毎日毎日向き合ってきたのは僕らだ。機械油にまみれて、はんだごて持ってさ‼ ノイマン先生は、ケーブルの素材もよく知らないってのに！」

モークリーは悔《くや》しさで瞳《ひとみ》に涙《なみだ》がにじんでいる。

「すまない……こんなことになるとは思ってなかったんだ。ただノイマン先生の名前があれば、EDVACに興味がなかった人もきっと読んでくれると思ったから……本当にそれだけなんだ」

ゴールドスタインはそう弁解《べんかい》したが、エッカートの怒りは収まらない。

「ノイマン先生の名前がなくたって、EDVACは多くの注目を集められるコンピュータだ‼ 僕とモークリーの努力の結晶《けっしょう》だ‼ それをひと月に一日か二日、ちょっと見にくるだけだったノイマン先生のものにしちまうなんて……」

　モークリーが続けた。

「僕らは、ＥＤＶＡＣの特許《とっきょ》をとるからな。僕らが売り出す最初のコンピュータだから！」

「特許⁉　売る⁉」

　ゴールドスタインは驚《おどろ》いて素《す》っ頓狂《とんきょう》な声をあげた。予想もしなかった展開に、腰《こし》から力がぬけていくようだった。


「特許か……」

　プリンストン高等研究所に訪ねてきたゴールドスタインの話を聞いて、ノイマンはこれはちょっと困《こま》ったと思った。

「彼らが特許をとって商品として売り出すと知っていたら、私は手伝ったりしなかったんだが……」

　ゴールドスタインは消え入りたいような気持ちになった。

「申し訳ありません……彼らがそんなことを考えていたとは思ってもいなくて。そもそも陸軍とペンシルバニア大学がお金を出しているプロジェクトで特許をとるなんて、ありえません」

　ノイマンは考え込んで言った。

「なんとしても阻止《そし》しないといけないな。こうした重要な技術は誰のものでもない。すべての科学者が共有して、発展させていくべきものだ。そうして人類は一歩ずつ進歩する。私はそのために数学をやっているのだから」

　この後、エッカートとモークリーは、特許権を大学に譲渡《じょうと》するように迫《せま》られ、研究室を去ってしまう。ＥＤＶＡＣの特許は、開発者であるエッカートとモークリーが立ち上げた会社、プロジェクトを主導《しゅどう》したペンシルバニア大学、資金提供《しきんていきょう》を行った陸軍の三者によって争われることになった。

　１９４５年、第二次世界大戦が終結すると、ノイマンはプリンストン高等研究所でのコンピュータ開発プロジェクトの準備にとりかかった。まずは人材と場所、そして資金を確保しなければならなかった。軍隊を退役《たいえき》し、一介《いっかい》の数学者に戻《もど》ったゴールドスタインは、プロジェクトの副主任として参加した。

　その約2年後——。

　一時は計画が難航《なんこう》したものの、あちらこちら飛び回り、なんとか手配できたこの新しい研究室を見渡して、ゴールドスタインは安堵《あんど》していた。

「ノイマン先生、資金に人材、研究所の建設と、準備万端《じゅんびばんたん》。来週には新型のコンピュータ開発に入れそうですね！」

「そうだな。仮《かり》に組んでおいたプロトタイプもようやく運び込めたからね。プログラミンググループ、電子工学グループもいい研究者が集まってくれたし、ムーアスクールの工学者メンバーも何人か来てくれて、いよいよスタートできそうだ。ゴールドスタイン君、君が頑張《がんば》ってくれたおかげだ」

ゴールドスタインは嬉《うれ》しそうにうなずき、懐《なつ》かしむようにプロトタイプのコンピュータに視線を走らせる。

「それにしても、エッカートとモークリーの件は残念でしたね」

「うん……エッカート君にはできれば一緒にやってほしかったんだが。参加にあたって、彼のノウハウを使用するとなると、特許でまた問題が起きそうだからね」

「彼ら、凝《こ》りませんねぇ……EDVACの特許は、結局誰も主張できない、という判決《はんけつ》が出たというのに」

「彼らに技術が渡ってしまうと、彼らが独占《どくせん》してしまってそれ以上の発展が見込めないからね……。いい技術者だが、あきらめるよ」

ノイマンは残念そうに言ったが、エッカートとモークリーの会社に対して、技術の公開はしないと決めていた。特許などはとらず、技術は研究者向けに公開するが、商用を目的とした相手には勝手に特許を取らないと誓約《せいやく》することを条件にした。

EDVACをベースに、プリンストン高等研究所が開発した新型の電子式コンピュータは、のちに「IASコンピュータ」と呼《よ》ばれるようになる。

このコンピュータの開発は、1947年から本格的にプリンストン高等研究所の新しい建物で始まり、51年に稼働《かどう》を始めた。プログラム内蔵方式で二進法を採用。これまでのコンピュータに比べ、メモリ容量を倍増し、いろいろなプログラムを記憶《きおく》させておくことができるようになっていた。ノイマンとプリンストン高等研究所のチームは、ようやく実用にたえるコンピュータの開発を成《な》し遂《と》げられたのだった。

その開発中から技術が次々と公開され、ＩＡＳの技術を使ったＩＡＳの疑似《ぎじ》マシンが政府機関、大学などの研究機関、海外の組織でも運用されるようになっていった。

ノイマンの本来の目的通り、コンピュータが、軍事のみならず、様々な研究に使われるようになったのだ。

「今まで計算が複雑すぎてあきらめていた研究を進めることができるようになった！」

「もし人が計算して数週間で終わらせようとしたら、１００人は必要だった」

研究の現場からの喜びの声が、ノイマンに届《とど》いていた。

そして、ノイマンはようやく休みをとれるようになった。

ある日の午後、クララは庭のテーブルに紅茶《こうちゃ》を用意した。穏《おだ》やかなティータイムを二人で過ごすのはいつぶりだっただろう？　木漏《こも》れ日《び》がテーブルの上で揺《ゆ》れている。

ノイマンは椅子《いす》にもたれ、ゆっくりと紅茶を楽しんだ。

「このごろ、コンピュータのお仕事は落ち着いてらっしゃるの？」

めずらしくのんびりとした様子のノイマンを見て、クララは聞いた。

「うん。今日はゴールドスタイン君にすべてまかせて、休みをもらったんだ」

「あらまぁ」

「このところ、コンピュータと僕ら人間の違いについて考えている。コンピュータは、人間のような生命体を生み出せるようになるかもしれない」

「何ですって？」

クララは思わずティーカップを落としそうになった。

――この人は、外で何をしているのだろう？

少し恐《おそ》ろしくなる。

「ははは、もちろんコンピュータと人間を同一に見ているんじゃないよ。今、コンピュータで人工的な生命体のようなものをシミュレーションしているんだ。そのプログラムは、自己増殖《じこぞうしょく》していく。数式で生命の増殖するパターンを作り出すのさ」

「難しいことはわかりませんわ」

クララは、ほっとして苦笑いしながら、紅茶がこぼれていないかブラウスを見渡した。

「だけど……数学者のあなたが生命について考えているなんて、意外ね」

「そう？　僕は、昔は純粋《じゅんすい》な数学をやりたいと思っていた。だけど、数学のための数学をやっていても、世界はなかなか変えられない。それは、数学を堕落《だらく》させるだけだ。一方で数学を応用すれば、いつか人間そのものだって解析《かいせき》できる。僕が今考えている、この思考さえも数値化《すうちか》できるはずだよ」

夢見るようにノイマンは言った。

「数学でそんなすごいことができるのね？」

ノイマンはにっこりと笑って言った。

「……僕より計算が速いコンピュータが完成すればね」

やがて、ソ連とアメリカを中心に、世界が核兵器《かくへいき》を武器に冷戦の時代へと突入《とつにゅう》していくと、ノイマンは再び忙《いそが》しくなった。彼は戦略《せんりゃく》ミサイル評価委員の委員長、そして原子力委員にも就任《しゅうにん》した。

ノイマンにとってソ連は、祖国ハンガリーを混乱に陥《おとしい》れた憎《にく》むべき国だった。そのソ連が、今や原子爆弾の開発に成功し、驚異的《きょういてき》な科学と軍事の力を持つ敵国《てきこく》となったのだ。一触即発《いっしょくそくはつ》。そんな冷戦の状況について質問されたノイマンは、インタビューに力をこめて答えた。

「ソ連を攻撃《こうげき》するかどうか検討《けんとう》している場合ではありません。いつ攻撃するかを検討する時なのです。明日攻撃するというなら、なぜ今日ではいけないのかと私は問う、今日の5時にというなら、なぜ一時にしないのかと私は問う」

この攻撃的な発言は世間の注目を集め、平和を望む人々から非難《ひなん》の声があがった。

――もう、戦争はたくさんだ！　それに、たとえ敵《てき》でも、皆、人間じゃないか！

ジョン・フォン・ノイマンは、確かに天才かもしれないが、原子爆弾開発に関わり、科学のためには非人道的な所業《しょぎょう》もいとわない非情な人物、世間はそう思った。そしてノイマンはこう呼ばれるようになる。

「人間のふりをした悪魔《あくま》」

しかし、ノイマンのその言葉は、より多くの命を救いたいと願ったゆえの言葉だった。ノイマンはアメリカがもっと早くナチス・ドイツに対抗《たいこう》していれば、敵《てき》も味方も、そして多くのユダヤ人も、命を落とさずに済《す》んだはずだと思っていた。

しかし、世間は天才科学者を面白おかしく描きたがった。「人類史上最高の頭脳《ずのう》」「マッド・サイエンティスト」……ノイマンには、そんなセンセーショナルな肩書《かたが》きがつけられた。クララは新聞にそんな記事を見つけると、悲しい気持ちになった。

「ジョニーは、今もアメリカのために頑張《がんば》っているのよ……」

そんな折《おり》、ノイマンはすい臓がんを発症《はっしょう》した。気付いた時には、もう末期に近い状態だった。

「ロスアラモスでも、ビキニ環礁《かんしょう》でも、さんざん放射能《ほうしゃのう》を浴《あ》びていたからね。仕方がないさ」

ノイマンはクララに力なく笑ってみせたが、政府の重大な仕事が山積みになっていた。難題を解けるのは自分しかいない。ノイマンには、それが分かっていた。この世界のために、自分が行かなければならない。そう言って、車椅子《くるまいす》で会議へ出かけていくことさえあった。

クララにとって、ノイマンは追いかけても追いかけてもたどり着けない虹《にじ》だった。その虹が、いま消えようとしている。

「ジョニー、お願いだから、もう無理はやめて……」

「そうもいかないよ、こんな状況じゃ」

しかし、最後は、政府のプロジェクトをすべてキャンセルし、カリフォルニア大学で講義《こうぎ》を行うことだけに尽力《じんりょく》した。テーマは「コンピュータと脳《のう》」。

——若い世代に、自分が最も研究を続けたかったテーマを引《ひ》き継《つ》いでもらいたい。

しかしベッドから起き上がることも難しくなったノイマンには、カリフォルニア大学へ行くのはとうてい無理だった。

「クララ、僕がしゃべったことをノートに記録してくれ。誰か代理の者を頼んで、それを大学で読んでもらいたい……」

ノイマンは朦朧《もうろう》としながら、クララにノートを持ってくるように言った。もう、クララは反対しなかった。最後に気が済《す》むまでやらせてあげよう。そう思ったから。

この論文は未完で終わった。ノイマンは最後の最後まで数学にささげた、53年の人生を閉じた。

現在のコンピュータは、そのほとんどすべてがノイマン式と言われる。

「人類史上最高の頭脳」、あるいは「人間のふりをした悪魔《あくま》」、またあるいは「コンピュータの父」と呼《よ》ばれたジョン・フォン・ノイマン。彼の想像した未来は、すぐそこまで近づいているかもしれない。

科学の
先駆者たち

シリコン・バレーの、クールでホットな男たち

ゴードン・ムーア
&ロバート・ノイス

「インテル、入ってる（Intel inside）」のフレーズで広く知られる世界的企業、インテル。だが、その「インテル」社が何の会社なのか、よく知らないという人も多いかもしれない。

さて、インテルが何の会社かというと、それは世界最大の半導体《はんどうたい》メーカーである。化学物理学者のゴードン・ムーアと、物理学者のロバート・ノイスによって、1968年に創業《そうぎょう》されたアメリカの企業だ。創業以来、半導体の世界でずっとトップ争いを続けてきた。

半導体は、コンピュータの頭脳《ずのう》となる部品で、たった今も、世界中のどこかのコンピュータが、インテルの製品で情報処理を行っている。航空機《こうくうき》や自動車の自動運転、インターネット通信、スマートフォン、家電、ゲーム機。あるいは、工場の製造《せいぞう》ラインや倉庫、金融機関《きんゆうきかん》の顧客情報《こきゃくじょうほう》の管理。

今や半導体は、我々《われわれ》の生活の土台を支え、近代的で便利な生活を作り出す基礎《きそ》となっているのだ。その開発の歴史は、多くの科学者たちの、奮闘《ふんとう》の歴史でもある。

始まりは第二次世界大戦後、アメリカが驚異的《きょういてき》な経済成長を遂《と》げ、世界で最も豊かな国となった頃である。東西冷戦が激化し、幸か不幸か、それが両陣営《りょうじんえい》の科学力をぐんぐん押し上げた。社会は豊かになり、ほとんどの国民は自らを中流階級と考えるようになった。

――あれは、ベティと何度か歩いたハイキングのコースだ。あそこの景色は最高だったな。

そんなことを思い出しながら、ゴードン・ムーアは、居心地《いごこち》の悪い所長室の窓《まど》から外を眺《なが》めていた。カリフォルニアの8月は、1年で最も素晴らしい季節だと思う。日の落ち始めた美しいオレンジ色の空と、夏の夕暮れに輝《かがや》く丘陵《きゅうりょう》。そのなだらかな斜面《しゃめん》は、一面が果樹園《かじゅえん》だ。その先の山々は実にゆったりと横たわっている。その一帯は自然保護区《しぜんほごく》で、見晴らしのいいハイキングコースを何度か、妻のベティとともに歩いたのだ。

ゴードンは部屋の中へと視線を戻《もど》した。薄暗《うすぐら》い部屋の隅《すみ》で、嘘発見器《うそはっけんき》がわずかにジ、ジ、と鳴っている。その不気味な機械の真ん中からは、記録用紙がだらしなく垂《た》れ下《さ》がり、その上で細長い針が嘘《うそ》を暴《あば》こうと、静かに爪《つめ》を研《と》いでいるみたいに見える。

「聞いているのかね、ムーア君！」

ドン！　っと、この部屋の主であるウィリアム・ショックレー博士がデスクを叩《たた》く。重ねた書類やペンが一斉《いっせい》にはねあがった。ゴードンは我《われ》に返り、博士を見た。デスクの向こう側で、博士は困《こま》ったような、悲しいような顔をして座《すわ》っている。

「ゴードン、裏切者《うらぎりもの》が誰か、言うんだ」

飄々《ひょうひょう》としたゴードンの態度《たいど》に、博士はもう、どうしていいかわからなかった。なぜなら、この若い研究者は、自分を尊敬《そんけい》してくれてはいるものの、ほかの者のように自分の思い通りにはならなかったからだ。ゴードンは信念を曲げそうにもない。

「博士、誰が裏切者か、その見極《みきわ》めは、私の仕事ではありません」

「なるほど、君も私を裏切るつもりか」

「日頃から、所員がどのようにシリコン半導体《はんどうたい》の研究に取り組んでいるのか、把握《はあく》し経営《けいえい》に生かすのは、トップである博士の仕事です」

「ゴードン……！」

懇願《こんがん》するように訴《うった》えかけてくる博士に、いたたまれない気持ちになったが、ゴードンは穏《おだ》やかな口調で博士に告《つ》げた。

「私は今日をもって、ここを辞《や》めます。ほかの者たちも、みんな辞めるつもりです。博士、嘘発見器で、この研究所の問題を解決することはできません。もう止めてください」

博士は何か言いかけたが、言葉が出なかった。しばらく押《お》し黙《だま》った後、ギシリと音をたてて立ちあがり、それからのっそりと壁《かべ》にかけてあったコートと帽子《ぼうし》をつかむと、何も言わず部屋から出て行った。廊下《ろうか》を歩く重苦しい足音のあとに玄関扉《げんかんとびら》のさび付いた蝶番《ちょうつがい》がキィっと鳴り、それからバタンと扉の閉まる音が聞こえた。

ゴードンは、日が落ちてすっかり暗くなった所長室に一人取り残されて、窓から、去っていく博士の車を、見えなくなるまで見送った。

「さようなら、博士。ここでの研究生活は最高でした。ありがとう」

そうつぶやいて、ゴードンは研究室の自分のデスクに戻《もど》った。ゴードンのただならぬ様子に、何が起こったのかと、みんながこちらに視線を向ける中、ヨレヨレの革鞄《かわかばん》に書きかけの論文を放り込み、使いかけの万年筆をしまい、分厚《ぶあつ》くめくれ上がった黒い手帳を押し込んだ。

そして、最後に写真立てを手にとった。３枚の写真が飾れる横長の写真立てで、真ん中には妻ベティと子どもたちの写真、その右には買ったばかりの車の前で自慢《じまん》げに立つ自分の姿《すがた》、左側には、半年ほど前に、ショックレー博士のノーベル賞受賞を祝《いわ》って、バーで皆で撮《と》った写真が入っている。真ん中の博士は嬉《うれ》しそうに笑っていて、博士を囲《かこ》む自分たちは誇《ほこ》らしげな笑みを浮《う》かべている。あの時は、本当にこの研究所の一員になれてよかったと思っていたのに……。ゴードンはその写真をしばらく見つめていたが、やがて無造作《むぞうさ》に鞄《かばん》につっこんだ。

1957年、ショックレー半導体研究所。そこには、「シリコン半導体を製品化する」という博士の夢に共感した若き研究者が集まっていた。ゴードンもその一人だ。物理学者、数学者、化学者、機械工学者、電気技師……。様々な分野の優秀な仲間と、この1年、シリコン半導体の実現に向けて夢中で取り組んできた。ある夜は家に帰るのがもったいなくて、仲間と夜どおし議論《ぎろん》を交わしたこともある。彼らはとてもいいチームで、シリコン半導体を利用したトランジスタは、共通の果てなき夢だった。

それがだ。ある日ぷつりと、シリコン半導体の話が無しになった。博士は突然《とつぜん》心変わりをし、今すぐにお金になる4層ダイオードの製造に切《き》り替《か》えると言い出したのだ。

「皆、シリコン半導体のことは、忘れてくれ」

そのことがきっかけで、研究所は設立してたった1年たらずでぎくしゃくし始めた。一人、また一人と所員が辞《や》めていき、研究所はいまや崩壊《ほうかい》に向かっている。

――まぁ、思ったより早く辞められて、よかったかもしれないな。

ゴードンは思った。それは本心ではあったが、そうはいってもやはり、寂《さび》しさは胸にとめどなく押《お》し寄《よ》せてくる。

無言でデスクを片付けていたゴードンに、研究員の一人が恐《おそ》るおそる話しかけてきた。

「大丈夫《だいじょうぶ》か？　博士がすごい勢いで出て行ったようだけど？」

ゴードンは、皆を心配させまいと平静を装って言う。

「ああ、僕は大丈夫《だいじょうぶ》さ。これで博士はもう、誰にも尋問《じんもん》はしないと思うよ」

それから笑って続けた。

「僕は、ここを辞めることにしたよ。みなさん、お世話になりました。またどこかで会いましょう」

ゴードンはパンパンになった鞄《かばん》を抱《かか》えると、研究室を見回した。検査機器や、顕微鏡《けんびきょう》から頭をあげて、何人かがゴードンに目配せをする。

ゴードンも小さくうなずき、親指を上に向けて腕《うで》を小さく上下に振《ふ》って見せた。

それは、いつものメンバーへ向けた、週末集合の合図だ。

その週末——。

「さてさて、今度はどんな冒険《ぼうけん》が始まるのかしら？」

妻のベティは面白そうに、久しぶりに昼間からごろごろしているゴードンをからかった。

ベティは、ゴードンにとって、研究生活を支えてくれる大切なパートナーだった。

あれは、もう4年前のことになる。

博士号をとったばかりだったゴードンはベティを連れ、ワシントンDCへ引っ越した。近郊《きんこう》のジョンズ・ホプキンス大学の海軍飛行物理学研究所で、研究チームに加わるためだった。

そこでは軍直属の最新鋭《さいしんえい》の研究が行われており、何か実用にかなう研究がしたいとあちこち探して、やっとの思いで見つけた研究所だった。だが、そもそも二人は、生まれも育ちもカリフォルニアで、東海岸に知人はほとんどいなかった。ベティは家族や友人と離れ、気に入っていた仕事場もやめて、自分についてきてくれた。

——あの時の車の旅は、本当に過酷《かこく》だったな。

ゴードンはときどき、あの旅を思い出す。カリフォルニアからの5000キロを2週間かけて、東へ東へと向かった。

「アメリカ大陸の大きさを身をもって実感した。お尻《しり》がぺったんこよ」

ベティは疲《つか》れ果《は》てた顔をしながらもそんな冗談《じょうだん》を言ってみせ、一度もゴードンを責めたりはしなかった。

それなのにだ。東海岸の文化は堅苦《かたくる》しく、冬は寒いし、ジョンズ・ホプキンス大学の研究所での仕事は思っていたようなものではなかった。

「ごめんね、ベティ。僕が無理を言ってワシントンDCまで連れていったのに、突然またカリフォルニアに逆戻《ぎゃくもど》りして、それがまた1年で無職だ……」

ゴードンは思い返し、申《もう》し訳《わけ》なさそうに言った。

「何言ってるのよ、弱気になるなんて、ゴードンらしくもない」

ベティは慰《なぐさ》めてくれる。いつもそうだ。

「私は、私なりにこの冒険を楽しんでいるのよ。気にしないで」

「パパー！」

子どもたちがゴードンの上にとびかかる。父が昼間家にいるのが嬉《うれ》しいのだろう。

「ぐほっ！……こら、いたずら坊主《ぼうず》たちめ」

ゴードンが笑って息子《むすこ》を抱《かか》え上《あ》げていると、玄関《げんかん》のベルが鳴った。

「はーい」

ベティが玄関の扉《とびら》を開けると、そこにはスーツを着た7人の男たちがずらりと立っていた。

「こんにちは、大勢でおしかけてすみません。ゴードンと話したいんですが」

中でも背が高くハンサムな男が、申し訳なさそうに挨拶《あいさつ》した。ベティはすぐにそれがロバート・ノイスだとわかった。ゴードンから、彼がどんなに素晴らしい人物か、いつも聞かされていたからだ。

ゴードンは、まるで新しい恋人か何かの話をするみたいに、うきうきと嬉《うれ》しそうに仲間や研究のことをベティに話すのだ。

「あなたがノイスさんね！　そして……裏切者《うらぎりもの》の皆さん！」

7人が、どっと笑った。

「はい、その裏切者たちが、ようやくそろいましたので、こうして伺《うかが》いました」

ノイスはそう言って、にっこりと笑みを浮《う》かべた。ゴードンの言っていた通り、魅力的《みりょくてき》な人物である。ベティは、皆を招《まね》き入《い》れた。

「どうぞ皆さん、入ってください。……ゴードン！　お客様よ！」

ゴードンは子どもたちに「裏庭《うらにわ》で遊んでおいで」と言って、ぐしゃぐしゃにされた髪《かみ》をととのえながら、仲間のところへやって来た。

「やぁ、ゴードン。待たせたね」

ロバート・ノイスが、少々バツが悪そうに右手を差し出した。

ノイスの後ろで、6人がニヤニヤしている。

「なんだって！　とうとう君も辞《や》めてしまったのか！」

「ああ。君たちと行動しているのがばれて、昨日、博士にクビだと言われたのさ」

「はは、だから言っただろう？　すぐばれるよって。まぁいいや、ようやく全員がそろったんだから」

ゴードンはそう言って、ノイスの右手をつかむと、力任せに振《ふ》り回《まわ》した。

リビングのソファに4人が座り、ダイニングチェアをひっぱってきて2人、ノイスはコーヒーテーブルに軽く腰掛《こしか》け、ゴードンは壁《かべ》を背に腕《うで》を組んでよりかかった。さほど広くないゴードンの家のリビングは、スーツの男たちで満杯《まんぱい》になった。

「裏切者の８人」

ショックレー博士は、この８人をそう呼《よ》んだ。

化学の奇才《きさい》、ゴードン・ムーア。

エリート物理学者の、ロバート・ノイス。

数学と物理学の天才、ジャン・ホエルニ。

機械工学の専門家、ユリウス・ブランク。

唯一《ゆいいつ》の電気技師、ビクター・グリニッチ。

気鋭《きえい》の産業工学者、ユージン・クライナー。

材料に詳《くわ》しい冶金《やきん》学者の、シェルドン・ロバーツ。

新興分野、固体物理学の、ジェイ・ラスト。

皆、ショックレー博士が全国からかき集めた、各分野有数の若き科学者たちだ。

「これで裏切者の８人、全員揃《そろ》ったわけだね」

ジャンがちらっとノイスのほうを見ると、ノイスは何も言わずに肩《かた》をすくめてみせた。

「正直なところ、ノイスは研究所に残るんじゃないかとハラハラしたけど、嬉《うれ》しいよ」

ビクターがそう言うと、ジェイも大きくうなずいた。

「ノイスがいなくちゃ、僕らの成功はありえないからな」

「やめてくれよ。皆、買いかぶりすぎさ」

皆がショックレー研究所に入った時、半導体《はんどうたい》について詳しい研究者は、ほとんどノイスだけだった。だからノイスが皆の半導体の先生になり、わからないことはなんでもノイスが教えてくれた。それに加えて、彼はおしゃれで人当たりがよく、聞く者が納得させられてしまう、不思議な話力を持っていた。

「裏切者の8人」とは、そんなノイスのもとに集《つど》ったメンバーだ。

研究所を辞《や》める前から、8人はたびたび集まって、研究所の行く末を相談してきた。なんとかシリコン半導体の研究を続けようと、あれこれ手を打とうと試みた。

しかし、それが裏目《うらめ》に出た。博士に、「陰《かげ》で何かを企《たくら》んでいる8人」と、目を付けられてしまったのだ（いや、実際そうなのだが）。

それで博士は誰も信じられなくなって、所員全員を嘘発見器《うそはっけんき》にかけると言い出した。それはなんとかゴードンが阻止《そし》したけれど、8人はショックレー博士に見切りをつけた。

「8人全員でどこかへ移籍《いせき》しないか？」

誰かがそう言い出して、皆、それに賛成《さんせい》した。

それ以来、ビクターの自宅ガレージと、もう一ヵ所、マウンテン・ビューに建物を借り、自作の設備や装置《そうち》などを駆使《くし》して、細々とシリコン半導体の研究を続けている。製品を完成させ、自分たちと製品、まるごと売り込む作戦だ。

ただ、ノイスはショックレー博士のお気に入りだったし、ノイスも博士には人一倍恩《おん》を感じていたから、７人が退所を決めた後も、自分は残るしかないだろうと言っていた。

「さあ、乾杯《かんぱい》しよう！　なんたって、ノイスがとうとう来てくれたんだからな。こんな心強いことはない!!」

ゴードンはそう言って、手に持ったワイングラスを掲《かか》げた。

「だけど、あのまま、シリコン半導体の研究を続けられていたなら、僕ら辞めずにすんだのにな」

ジャンが残念そうにつぶやく。

「うん。あんなに熱心だった博士が、突然《とつぜん》シリコン半導体は止めると言い出すとはね。かわりに４層ダイオードを作れなんて言われても、僕はまったく興味がわかなかった。ありえないよ」

ユリウスは、思い出して怒りがこみ上げてきたようだ。ビクターが続ける。

「電子工学の未来に貢献《こうけん》できるのは、絶対にシリコン半導体さ。そうだろ？」

「ああ。だが、僕らを出会わせてくれたことに関してだけは、博士に感謝しないとな。博士のおかげで今や、僕らはシリコン半導体の貴重《きちょう》なノウハウを持つ、国内でも数少ない研究者集団になったわけだ」

「まだ、完成はしてないけどね。もうちょっと設備を整えられればなぁ……」

ジェイが付け加えて笑った。

「それで、今週はどうだった？　手ごたえはあった？」

ゴードンが本題を切り出すと、ワインを飲む皆の手が止まる。

「いや、まだ……」

「8人全員まとめて雇《やと》うとなると、どこも二の足を踏《ふ》んでる感じだ……」

「とある大学が、興味がありそうなことを言ってたけど……その後は音沙汰《おとさた》なしさ」

にぎやかだったリビングが、一気に静まり返った。

これまで皆でいろいろと探し回ったが、8人全員を雇ってくれる所は、まだ見つからない。皆の顔色が曇《くも》る。それを見て、ユリウスがソファから腰《こし》を浮《う》かせて活を入れる。

「おいおい、元気だしていこうぜ！　最初から簡単じゃないと分かってたことさ。ノイスまで加わった今、俺はあきらめたくないんだ。どんなささいな可能性でも拾い上げよう」

大きな声のユリウスに対して、ぼそぼそと話し始めたのはユージンだ。

「見つかったってわけじゃないんだが、実は親父に頼《たの》んで、投資会社の友人に口利《くちき》きしてもらったんだ」

「口利き……？」

ゴードンは聞き返した。

「そう。親父に話したら、投資会社の人間ならいろんな業界に詳《くわ》しいし、いい会社を見つけてくれるんじゃないかって言うんだよ」

「マイナーな製品を扱《あつか》う僕らみたいな小さな集団に、投資会社が興味を持つとは思えないけどな？」

誰かが言うと、ユージンは自信なさげに答えた。

「それが、アーサー・ロックって新人が、ちょうど、新進気鋭《しんしんきえい》のベンチャーを探しているらしいんだ。親父が言うには、誰もまだ目をつけていない新しい事業に投資して、一山当てるつもりらしい。それで来週、僕らの作業場にそのロック氏が上司を連れてやってくることになってる。実際、シリコン半導体が何の役に立つのかもわかってないと思うけど、まずは僕ら8人の能力を知りたいんだろう」

それを聞いて、ノイスがパチンと指を鳴らした。

「チャンスじゃないか！　僕らが有能なチームだと分かれば、どこかにつないでもらえるかもしれないぞ」

「なるほど、まずは自分たちの売り込みか」

「なんてこった！　僕ら、自分たちを裏切者として売り込まなきゃならないのか⁉」

ジャンが苦笑いしながら冗談《じょうだん》を言うと、みんな一斉《いっせい》に笑った。

「いや、面白いじゃないか！」

「これは8人全員で全力で立ち向かうべき案件だな。僕ら8人の初仕事として」

ゴードンの一言に、歓声《かんせい》が起きる。そのお祭り騒《さわ》ぎをシェルドンが鎮《しず》めた。

「だけど、僕らの手作り研究所には、まともに座《すわ》れる会議机《かいぎづくえ》もまだないぜ？　どうしよう？」

ジェイが肩《かた》をすくめて、おどけるように言った。

「大丈夫《だいじょうぶ》さ。マウンテン・ビューには、先月皆で電柱から電線をひっぱってきた。なんと！　電気もあるし、灯《あか》りもつく。資料くらい見られるさ、コーヒーはないけどね」

「会議用のデスクは、来週までに皆で作ればいい」

「さっそく今から、はりきってお客様を迎《むか》える準備を始めようぜ！」

夜遅《よるおそ》く、ノイスたち7人を見送った後、ゴードンはパジャマに着替《きが》えて、2階の子ども部屋をのぞいた。そして、ぐっすり眠《ねむ》っている子どもたちの隣《となり》に、ベティの姿《すがた》を見つけた。子どもたちを寝かせると言って2階に上がったきり、戻《もど》ってこなかったのだ。

「やっぱり、一緒に寝ちゃったのか」

ベティは、子ども用のベッドで、絵本を片手に子どもたちと一緒に寝息を立てている。

明るくふるまってくれてはいるが、子どもたちはどんどん大きくなるし、彼女が不安でないはずがない。ゴードンは就職先《しゅうしょくさき》を探すのと、研究を続けるのに精一杯で、そのほかの何もかもを彼女にまかせっきりだった。きっと、疲《つか》れているんだろう。

ゴードンはベティと子どもたちにふとんをかけなおし、ベティの手からそっと絵本を取り上げて本棚《だな》に戻《もど》した。それからベティと子どもたちのおでこにおやすみのキスをして、忍《しの》び足《あし》で部屋を出ると、そっと扉《とびら》を閉めた。

——シリコン半導体を完成させて、必ず、新しい世界を切り開いてみせる。僕を支え続けてくれているベティのため、子どもたちのため、そして得《え》がたき仲間のために。

ゴードンは心に強く誓《ちか》った。

翌週《よくしゅう》、ニューヨークから二人の男がやってきた。

仕立てのいいスーツにおしゃれな眼鏡《めがね》のアーサー・ロックと、いかにもベテランという感じの上司、バド・コイル。

「やぁ、よろしく」

そう言いながら、二人は建物の外にずらりと並んだ8人全員と握手《あくしゅ》をして回った。

「カリフォルニアは本当にいいところだね。僕の友人たちがこちらに越《こ》した理由が分かったよ」

ロックは気さくな雰囲気《ふんいき》だが、その瞳《ひとみ》の奥《おく》に鋭《するど》さを隠《かく》し持《も》っていて、どこか恐《おそ》ろしさも感じさせる。彼らのニューヨークなまりは、カリフォルニア育ちのゴードンには少々気取って聞こえた。

「彼ら、ウールのスーツにシルクのネクタイをしてる」

ユリウスは二人の洗練《せんれん》されたファッションが気になるようだ。その横で、ノイスがゴードンにそっとささやいた。

「アーサーは今の投資会社に来る前、証券《しょうけん》アナリストだったらしい」

「へぇ……それって、企業の価値を見定める仕事だろ?」

「うん。彼、僕らの価値をどのくらいに見積もるだろうな?」

ゴードンは肩をすくめた。

おせじにも先進的とは言いがたい8人の研究所を目の当たりにして、ロックとコイルは少々面食らった様子だった。

「なるほど……」

そう言ったきり、二人は押《お》し黙《だま》ったままマウンテン・ビューの建物の中を隅々《すみずみ》まで見て回る。その間、ノイスは半導体やシリコンの優位性について、なるべく易《やさ》しい言葉で二人に解説した。

「ゲルマニウムの代わりにシリコンを使えば、トランジスタがずっと安く作れて、品質は格段にアップします。この実用化に成功した企業はまだありませんから、僕らを雇《やと》い入《い》れれば、大きなアドバンテージになる」

二人の訪問者は、神妙《しんみょう》な面持ちでふんふんとうなずくばかりだ。

ゴードンたちは、研究者らしく白衣を着て、研究室に彼らを迎《むか》え入《い》れた。それぞれ手作りの設備の前に立って、自分の得意分野について説明する。

「こちらの顕微鏡《けんびきょう》をのぞいてみてください。僕らはシリコンのこの性質をですね……」

だが、何を見せても、特に二人の反応はない。驚《おどろ》きもしなければ、質問も少ない。

「どう？　彼ら、理解したみたいだった？」

心配になったらしいジャンが、ゴードンのところに様子を見にやってきた。

「どうかな？　専門的なことはともあれ、〝コンピュータ〟ってワードにはすごく関心を示してたと思う」

ひととおり見学が終わって、全員が会議室に集合した。大きなテーブルは、先週ホームセンターで買ってきた天板にゴードンが木材で足をつけ、ジェイがそれに色を塗《ぬ》った力作だ。椅子《いす》はもちよりのバラバラで、中には家から拝借《はいしゃく》してきたダイニングチェアまである。

「オ、オホン……」

そのちぐはぐな会議机をごまかすように、誰かが咳《せき》ばらいをした。ノイスがテーブルに肘《ひじ》をつき、顔の前で両手を組んだ姿勢《しせい》で二人に問いかける。

「いかがですか？　僕らの研究室はまだ手作りで、こんな体《てい》たらくだが、一人ひとりは優秀です。そして僕らの作るシリコン半導体は、未来を変えていく製品だ」

誰もが息をのんで二人の客人を見守り、言葉を待った。

二人はしばらく小声で相談している。二人の意見は少し食い違っているようにも見えたが、最後に二人でうなずき合ったあと、ロックがこちらに向き直って言った。

「君たち8人が稀《まれ》に見る人材であることは、とてもよくわかりました。だが、それに見合う8人分の給料を払《はら》うとなると、簡単じゃない。それが可能な会社を探すのは、ほとんど不可能と言わざるを得ない」

静まり返る会議室を見渡して、ロックはおもむろに切り出した。

「君たち8人で会社を立ち上げるつもりはないか？」

8人は、その意味を測《はか》りかねた。

「つまり、自分たちでリスクを負え、というわけですね」

ノイスが確認する。

「僕らで勝手にやってくれってことですか？」

ビクターが不安そうに尋《たず》ねた。

「そうじゃない。今日いろいろとシリコン半導体について聞いたが、はっきり言って、僕にはよくわからなかった。その仕組みも、本当に役立つ物なのかも、ね」

8人が静まり返る。

「だが、君たち8人には大いに興味が湧《わ》いたよ。たとえばこのテーブルだ。無理をして高い会議テーブルを用意せず、自作で安く済《す》ませてある。つまり、このテーブルを見れば、君たちができないことをできると見せかけない連中ってことがわかる。不可能なときに『できない』と言えるかどうかは、ビジネスにとって大切なことさ。このテーブルで、まず、君たちは第一のチェックポイントを通過した」

ロックが皆を見回して続ける。

「第二のチェックポイントは、エネルギーがあるかどうかだ。仕事に対するエネルギーがない会社は、成功しない」

「エネルギーというと？」

「簡単さ。心身ともに健康で、1日14時間働き、休日返上もいとわず、明日ロンドンに行くことになっても対応できる。情熱と言ってもいい。そのエネルギーが十分な連中だというのも、この手作りの研究室や機器を見れば一目瞭然《いちもくりょうぜん》だった。まぁ、僕にはそういう働き方は無理だけどね。君たちは合格だ」

8人は互《たが》いに顔を見合わせた。

「第三に、集中力があるかどうかを見させてもらった。つまり、目標に向かって一直線に進む力さ。こういう組織を作ると、雑用がうんとある。トイレの掃除《そうじ》、備品の購入《こうにゅう》、客人の接待、エトセトラ、エトセトラ……。それに振《ふ》り回《まわ》されずに目標に向かって進んでいけるかどうか」

皆、意外な評価基準にぽかんとしている。

「もちろん、合格だ」

だんだんと、8人の顔に希望が灯《とも》り始める。

「そこで、君らにも自分の会社に投資するリスクを取ってもらいたいということだ。僕は君たちの会社に出資してくれる機関投資家《きかんとうしか》を見つける」

「起業となると、就職《しゅうしょく》と違って、僕ら8人も相応のお金を用意しなければなりませんよね……?」

「いや、その必要はないよ。すべて出資してもらうんだ。そのかわり、出資した会社に対して、ある程度の権利を認めることになるけどね」

最後に、上司のコイルが一言。

「何はともあれ、君たち自身で起業する、それが一番いい方法なのは間違いない」

この二人の意見に、皆、最初は仰天《ぎょうてん》した。

――僕らのグループに投資する物好きなど、本当にいるのだろうか？

しかし、不安になると同時に、８人はこうも思った。

――僕らで会社を立ち上げる？　最高じゃないか！

ロックが始めたこの新しい投資の形は、後にベンチャー・キャピタルと呼《よ》ばれ、世界中で広く行われるようになる。ロックはこの時、ゴードンたちをテストケースにしようと考えていたのだ。これは若いアーサー・ロックにとっても、挑戦《ちょうせん》だった。


その夜。

「起業？　あなた、社長になるの？」

妻ベティは、素《す》っ頓狂《とんきょう》な声を出した。

「誰が社長かは、まだ、わからないよ」

「びっくりした……あなたたち、皆で就職先を探しているんだとばかり思ってた」

夕食の時間に突然《とつぜん》会社を作ることになったと聞かされて、ベティは目を丸くしている。

「だけど、この子たちもお金がかかってくるし……借金する余裕《よゆう》も今はあまりないわ」

「心配ないよ。僕らがお金を出す必要はないんだ。出してくれる企業を探すことになった」

「……？　よくわからないけど、そんな面倒《めんどう》なことをするくらいなら、就職したほうが早いように思うけれど……そのロックって人、本当に信頼《しんらい》できるの？」

前例の少ない起業の方法だけに、ベティは不安そうだった。

「うん……そこは僕もまだわからない。でも、とにかく今はこの方法にかけてみたい」

ベティはゴードンの瞳《ひとみ》をのぞき込んで、ゴードンが無理を言っていないか、不安を抱《かか》えていないかを確かめる。ベティの中の警報《けいほう》が鳴るとき、だいたいそれはうまくいかないのだ。

「ベティ、僕は絶対君と子どもたちを守るよ。そのために必ず起業を成功させる。約束する」

ベティはテーブルの上のゴードンの左手の先を少しだけ握《にぎ》って、微笑《ほほえ》んでみせた。

「うん。このゴードン・ムーアなら大丈夫。きっといい結果が待ってるわ」


ロックはいったんニューヨークに戻《もど》り、それから数日後に、今度は一人でマウンテン・ビューにやって来た。

「やぁ、ずいぶん大きな荷物で来たね」

ゴードンは研究室に入ってきたロックを見て驚《おどろ》いた。大きなボストンバッグを提《さ》げている。

「しばらく旅続きになりそうだからね。長期戦に備《そな》えてきた」

研究室にいたゴードンと4人は作業の手を止め、ロックを会議室に案内した。少し離れた場所にあるガレージで研究設備を作っていた残りのメンバーも、車に同乗してすぐに集まった。

「では、いよいよ、僕らの会社を設立するための、最初の作戦会議を行う」

ノイスが戦いののろしを上げる。

「まずは、これだ」

ロックは「ウォールストリート・ジャーナル」をテーブルの上に大きく広げてみせた。

「経済新聞《けいざいしんぶん》だね」

8人は腰《こし》を浮《う》かせて新聞をのぞき込む。

「ここには、株式市場に上場している会社がすべて載《の》ってる。この中から、売り込みにいく会社を選《せん》抜《ばつ》したいんだ。それには君たちの協力が欠かせない」

「だけど僕たち、株《かぶ》のことはわからないぜ？」

ジェイがそう言うと、ロックはこう続けた。

「君たちには、エレクトロニクスに関係している会社をピックアップしてほしいんだ」

「なるほど」

「これだけあると、かなりの数になるんじゃないか？」

「そうだな。第一に、たった今、トランジスタを必要としている会社がいい。次に、将来エレクトロニクスに関心を持ちそうな会社でもいい。儲《もう》け話《ばなし》にのるかもしれない」

「オーケー」

「僕は、君たちが選んだ会社の経営状態を判断して、売り込むかどうか決める」

「会社の規模《きぼ》は気にしなくてもいい？」

「できるだけ大きいほうがいい。なにしろ、高い買い物になるだろうからね」

「了解」

8人は、さっそく企業の選定に入った。新聞を回して、それぞれが印をつけていく。

航空機《こうくうき》や宇宙船を作る会社、軍需産業《ぐんじゅさんぎょう》を担《にな》う会社、IBMや、AT&Tといったエレクトロニクスの大手、コンデンサやバッテリーを製造する会社、抵抗器《ていこうき》を作る会社……。

片っ端《かたっぱし》からピックアップし、それをロックが選別した。

さまざまな会社の株式が躍《おど》る紙面を見ていると、ゴードンはわくわくした。世界が経済で動いている。新聞に書かれているのは数字だが、その奥に、アメリカ中の会社があり、そこで戦う人々がいる。自分たちは、シリコンを武器に、その経済の戦場に切り込もうとしているのだ。

昼前に始めた選抜会議が終わるころには、日はとっぷりと暮《く》れ、部屋は暗くなり始めていた。

「よし、30社決まったな」

ロックが、ふぅ、とため息をついた。

「どでかい会社ばっかりになったね」

「これから、どうすればいい？」

テーブルの上の新聞に両手をついた姿勢《しせい》のまま、ノイスがロックのほうへ首を向けた。

「君たちは、これらの会社に、片っ端から手紙を書いてくれ。僕が企画書を持って、説得に行くよ」

「本気かい？　アメリカ全土、あっちこっちの会社だぜ？」

ジャンが心配そうに言うと、ロックは大きなボストンバッグを親指で指し示した。

「そのための荷物だからね」

それを見て、8人も決意を新たにした。8人も、ロックも、半端《はんぱ》な気持ちではない。


それからまた、数日後。

研究所の電話が鳴り、ゴードンがあわてて受話器を取った。話し始めて1分もしないうちに、すぐに電話は切れ、ゴードンは握《にぎ》りしめていた受話器を壁《かべ》の電話機に戻《もど》した。

チン、という小さな音が研究室に響《ひび》く。

ノイスと、ジャン、そしてジェイが、ゴードンを不安げに見ている。

ゴードンは両手を弱々しく広げながら頭を振《ふ》った。

「これで27社、答えはノーだ」

「ロックが訪問した会社、ほとんど門前払《もんぜんばら》いだぞ？」

「投資会社なんかを信用したのが間違いだったのかも……」

言い出しっぺのユージンは、責任を感じ始めているようだ。

「正気になって考えれば、ワケのわからない製品と、前の研究所をクビになった8人に投資する会社なんか、ないに決まってるよな」

「クビになったんじゃない、こっちが見切りをつけてやったんだ」

「いや、はたから見たらそうは思わないだろ」

「僕ら8人のうち、誰か一人でも業界で名が売れていれば話は違うんだろうけどね……。思った以上に状況は厳《きび》しいな」

そうこうしていると、ロックが長旅を終え、研究所に戻《もど》ってきた。

「みんな、お疲《つか》れ様。ようやくすべての訪問を終えたよ」

「どうだった？」

ゴードンはそう声をかけたが、ロックの疲れ切った様子に、うすうす結果は分かった。

「今日訪ねたテネシーの会社で最後だったが、ダメだった。これで作成した企業候補《こうほ》、30社すべて断ってきたことになる。まったく、こんなこと信じられないよ」

作戦を練り直そうと、8人とロックは、再びマウンテン・ビューの手作りの研究室に集まった。

「大手といえども、近い将来、社会に何が必要かもわからないんだな」

ゴードンは、失望というよりも驚《おどろ》きを隠《かく》せずに言った。

「見る目のない会社ばかりだな。そんな経営は、目隠《めかく》しをした綱渡《つなわた》りと同じだ。いつか落ちるに決まっている」

ロバート・ノイスが言う。

「いや、むしろ問題は、僕らにそこまでの魅力《みりょく》がないってことかもしれないよ？」

メンバーの口からは弱気がもれたが、ロックは違っていた。彼は疲れ切っていたが、まだあきらめてはいない。

「実は、切り札を残してあるんだ」

全員がびっくりしてロックを見る。

「フェアチャイルド・カメラ＆インスツルメント・カンパニー。知っているだろう？　通称ＦＣ＆Ｉだ」

それを聞いてみんな驚き、そして苦笑いをした。

「それって、ますます大手じゃないか。君にはすまないが、僕は、君の言うことが信じられなくなってきた」

ジェイが皆の心の声を代表する。何人かが小さくうなずく。それでもロックはまったく意に介《かい》さない様子で言った。

「今までとはちょっと違うのさ。実は最初の30社は手堅《てがた》いところを選んでた。冒険《ぼうけん》しない代わりに、失敗もしない、そんなことばかりをね」

「そりゃあ、そっちのほうが、僕らだって安心だよ」

「いや、僕が、君たちを信用しきれていなかったのもある。すまなかった」

「そんなのは、お互《たが》い様さ」

ゴードンがつっこむ。ロックが続けた。

「FC&Iの創業者《そうぎょうしゃ》のシャーマン・フェアチャイルド氏は、リスクの高いビジネスにチャレンジすることで知られてる。まぁ、先見の明がある、というよりも、彼は何度失敗しても、チャレンジするんだ。その態度には揺《ゆ》るぎがない」

「へぇ……」と、皆から声がもれる。

「でも、彼が投資した中には、失敗するベンチャーも少なからずいるってわけだね」

ノイスが、そう言って腕組みをする。皆考え込んでいたが、意を決したようにゴードンが言った。

「それなら、もうやるしかないな」

「僕らは、僕らが絶対に成功することを知ってるじゃないか。シリコン半導体は必ず主流になり、ゲルマニウムは市場から完全に消える。つまり、シリコンを最初に製品化した者が、市場で勝利し、それは、必ず僕らになる」

そのゴードンの言葉に、みんなが一斉《いっせい》に顔をあげた。

「そうさ、その通りだ。僕らに投資すれば必ず大きな利益《りえき》が得られる。むしろ断ってきた輩《やから》は、みすみす宝の山を逃《のが》しただけさ」

ノイスが同意する。

「うん。フェアチャイルドにそれさえ分かってもらえれば、きっとなんとかなる」

ロックが言う。

「わかった。信じよう。それからノイス、君にはニューヨークのFC&Iへ一緒に来てほしい」

ロックが、企画書をよく見ようと、曇《くも》った眼鏡《めがね》を拭《ふ》きながら言った。

「僕がですか？　かまいませんが、足手まといにならないといいが」

「逆だよ、君こそが武器になる」

ロックは眼鏡をかけなおし、ノイスの背中を叩《たた》いた。

街はずれの電柱から勝手に拝借《はいしゃく》した電力は、蛍光灯《けいこうとう》を不安定に点滅《てんめつ》させている。その灯《あか》りの下で、手作りのテーブルを真ん中にロックと裏切者《うらぎりもの》の8人が未来へと走り出した。


2週間をかけ、8人はフェアチャイルド氏を説得するため、企画書を念入《ねんい》りに練り直した。

ロバート・ノイスが、その企画書を携《たずさ》えてニューヨークへ乗り込む。

「それじゃ、ひと暴《あば》れしてくる！」

そう言ってノイスは8人の夢がつまった企画書を受け取ると、大事そうに革鞄《かわかばん》にしまってから、車に乗り込んだ。

「ロバート、頼んだぜ」

「がんばれよ！」

ゴードンたち、残りの7人は車を取《と》り囲《かこ》み、運転席のノイスへこぶしを突《つ》き出《だ》した。

「行ってくる」

ノイスは全員のこぶしに自分のこぶしをあてて応《こた》え、560キロ先のロサンゼルスの空港へと、車を走らせた。

次の日の朝早く飛行機に乗り、5時間かけて東海岸に到着《とうちゃく》。ニューヨークの空港に着くと、そこにはアーサー・ロックが待っていた。

「やぁ。夕方、FC&Iにアポイントをとってある。その前にカフェで作戦を練ろう」

二人はタクシーに乗り込み、マンハッタンへ向かった。

高層ビルの隙間《すきま》を走る街路はどこも薄暗《うすぐら》く、狭《せま》い歩道が様々な人種の人々であふれかえっている。

ニューヨークの街並みを見ているうち、ノイスの胸には苦い思い出がよみがえってきた。

「懐《なつ》かしいなぁ」

思わずこぼれたノイスのつぶやきに、ロックが反応した。

「ニューヨークは初めてじゃないのかい？」

「ええ。短い間ですけど、住んでいたことがあります」

「研究所かどこかに？」

「いえ……学生時代です。でも、酔《よ》っ払《ぱら》った勢いで皆で豚《ぶた》を盗《ぬす》んだら、地元の大学も街も追放になっちゃいましてね」

「ぶ、豚だって!?」

「はい、生きてる豚、一頭。宴会《えんかい》で豚の丸焼きを食べようって話になって」

「あっはは！」

ロックは思わず吹《ふ》き出《だ》した。

「追放されてる間、しかたなくニューヨークの生命保険会社で事務をしてました」

「まったく！　君は本当に面白い男だな。ＦＣ＆Ｉでもそのままガツンとやってほしいもんだね」

ロックは、笑いすぎて目尻《めじり》にたまった涙《なみだ》を拭《ふ》きながら言った。ノイスの、この計り知れない魅力《みりょく》は、最大の武器になるだろう。

マンハッタンであまりおいしくないコーヒーを飲んだ後、二人はＦＣ＆Ｉへ向かった。

ＦＣ＆Ｉは想像以上の大会社で、広大な敷地《しきち》にメインのビルや工場など数棟《すうむね》が建ち、フェアチャイルド氏がどこにいるのか、見当もつかないほどだった。受付で名前を告《つ》げると、秘書が社長室へと電話をつないだ。

ガラス張りの広く清潔《せいけつ》なロビーで待っていると、最新のファッションに身を包《つつ》んだ女性秘書が、コツコツツ、とヒールを鳴らして近づいてきた。

「こちらです」

彼女はまるでファッションショーのモデルのような歩き方で廊下《ろうか》を進むと、会議室の前でぴたりと止まった。

扉《とびら》を開くと、どうぞ、とジェスチャーで示す。

二人が入っていくと、午後の陽《ひ》が差し込む会議室の正面の大きな椅子《いす》に、恰幅《かっぷく》のよい初老の男性が座《すわ》っていた。その横には神経質《しんけいしつ》そうな眼鏡《めがね》の細身の男性。正面がフェアチャイルド氏だとすぐに分かった。左腕《ひだりうで》の時計が太陽の光を反射して金色に光っている。歩《あゆ》み寄《よ》るロックを追って、ノイスもフェアチャイルド氏に近づいていった。

「お久しぶりです、ミスター・フェアチャイルド」

ロックが右手を出すと、フェアチャイルド氏は椅子から腰《こし》を浮《う》かせて、握手《あくしゅ》をした。

「やあ、ロック君。市場の景気はどうかね？」

「いいですね。特に今はエレクトロニクス系が成長株《せいちょうかぶ》です。逃《のが》す手はない」

「ふむ。それで、今度はどんな変わった連中を連れてきたんだい」

「はじめまして、ロバート・ノイスと申します」

ノイスはフェアチャイルド氏と握手を交わした。しわくちゃの手は大きく、包《つつ》み込《こ》まれるようだった。

「まぁ、座《すわ》りたまえ」

二人は、秘書が示した椅子に座り、8人で作り上げた企画書を取り出して彼女に渡した。

「これをフェアチャイルド氏にお渡しください」

彼女は恭《うやうや》しく受け取り、フェアチャイルド氏の前までコツコツと音を立てて歩いていくと、企画書をテーブルにそっと置いた。

シャーマン・フェアチャイルドは、ロバート・ノイスが部屋に入ってきたときから、彼の醸《かも》し出《だ》す独特な雰囲気《ふんいき》を感じ取っていた。スーツを粋《いき》に着こなしたエレガントな立《た》ち居振《いふ》る舞《ま》いと、物理学者らしい知性的な口調は実に魅力的《みりょくてき》だ。

——こんな男が営業しにきたら、誰だって契約《けいやく》してしまうだろう。ロックのやつ、それを分かって彼を連れてきたな。

ノイスは、シリコン半導体《はんどうたい》の未来とそれが生み出す素晴らしい世界を会議室いっぱいに描き出してみせた。

「私たちは、トランジスタにシリコンという安価な素材を使用する予定です。これは物質の中で最も基本的で、状態が非常に安定しています。溶《と》けだしたり、錆《さ》びたりといった変質がまずありません。ですから、より長く信頼《しんらい》できる製品を作ることができるのです」

「ふむ……。そのトランジスタは、今どういうものに使われているんだね？」

「はい、トランジスタとは、つまりスイッチです。電流をオン・オフする部品なのです。ですから、複雑《ふくざつ》な構造《こうぞう》の電子機器であれば、必ず使われます。その中でも一番活躍《かつやく》する場は、コンピュータです」

「ほう、コンピュータかね。詳《くわ》しくないが、昨今《さっこん》ではあちこちの会社が導入《どうにゅう》し始めているそうじゃないか」

「まさに！　先を見通す力を持った企業は、こぞって導入しています」

「そうか……続けて」

「そのコンピュータのトランジスタがシリコンになれば、製品の信頼性が増し、処理速度は倍増します。将来ゲルマニウムに完全にとって代わる。そうなれば、すべての電気製品の価格は下がり、修理するより、買い替《か》える《か》ほうが安い時代が来るのです」

「なるほど、新製品を出せば、消費者は積極的に買い替えるというわけだ。つまりシリコンによって、市場が雪だるま式に成長する、と、そう言いたいのだね？」

「その通りです」

「なるほど、わかった。ところで、8人で会社を興《おこ》すということだが、君が社長ということかい、ノイス。皆、君に付き従う、いい社員たちになりそうなんだろうね？」

「いいえ」

ノイスはきっぱりと否定した。ロックは少しぎょっとして、ノイスを見た。

「我々《われわれ》8人は、いわゆる、チームです。今はロック氏が監督役《かんとくやく》として我《われ》ら8人を導《みちび》いてくれている。もともと全員が技術者、科学者ですから、誰が一番偉《えら》いといったことはないんです」

「ほぉ、変わってるな。それで統率《とうそつ》がとれるかね？」

フェアチャイルド氏は目を細める。

「そこはご心配なく。ゴードン・ムーアという男がいるんですが、彼は、化学物理学において凄《すご》まじい知識をもっている。だが、とてもアットホームで物静かな人物なんです。その彼が、不思議とみんなのやる気を引き出すのがうまいんだ。静かなるリーダーなのです。フットボールで言えば、僕はバックス、彼はクォーターバック。皆、それぞれのポジションがあり、協力することで僕らの力は2倍にも3倍にもなる」

目を輝《かがや》かせて仲間のことを語るノイスを見て、フェアチャイルドはこのチームの強さを感じとった。そして同時に、彼らが手掛ける未知の製品の将来性が、想像を超えたものである予感がした。

――ロバート・ノイスと、7人の若き科学者たちにかけてみるべきかもしれない。ひょっとするとひょっとするぞ……。


数日後、カリフォルニア、マウンテンビュー。

「そろそろ、ノイスが戻《もど》ってくる頃だよな」

「ずいぶん遅いけど……なぁ、ゴードン、ノイスは電話でなんて言ってたんだ？」

ユリウスが落ち着かない様子で研究室をうろうろと歩き回っている。

「今朝、ホテルから電話をくれた時は、今からロスに向かう飛行機に乗るって」

「違う違う、FC＆Iの件」

「ああ、それならフェアチャイルド氏にえらく気に入られたみたいだって言ってたよ。うまくいきそうだって」

「ほんとか？」

ユリウスの顔に希望が灯《とも》る。

「あまり期待しすぎるなよ。今までもうまくいきそうなことは何度もあったけど、ダメだった」

ビクターがはんだごてを持つ手をとめて、拡大鏡越《かくだいきょうご》しに言う。

「それを言ってたらきりがないよ、ビクター。……そろそろディナーに出ないか？」

そうこうしていると、外に車が止まる音がした。全員が部屋の入り口を凝視《ぎょうし》し、耳を澄《す》ます。

車のトランクを開け閉めする音がして、玄関扉《げんかんとびら》が開き、大股《おおまた》で歩く足音が近づいてくる。

ノイスが研究室の扉を勢いよく開けると、全員が首を伸《の》ばしてこちらを見ていた。

「なんだ君ら、親鳥を待つひなみたいになってるぞ」

「ぴよぴよ」

ジェイがふざけてみせる。

「さぁ、ノイス！　どうだった！」

待ちきれずユリウスが立ち上がった。

「うん。プレゼンテーションの日には、検討《けんとう》しようの一点張りで、はっきりした答えは聞けなかったんだ」

ノイスは重そうな鞄《かばん》をよいしょとデスクの上にあげてから、留め具を外して続けた。

「かなりいい感触《かんしょく》だったんだが、やはりダメかもしれないと思ってホテルに戻った」

全員が真剣《しんけん》なまなざしでノイスの話を聞いている。

「昨日は、せっかくなんで、ニューヨークの懐《なつ》かしい友人たちに会い、夜はロックと飲み明かした。面白い話がいろいろ聞けたよ」

「いいね」

ゴードンが合いの手を入れる。

「で、今朝さ。帰りの飛行機に乗ろうとホテルの部屋を出ようとしたら、電話がかかってきた。出ると、フェアチャイルド氏だった」

ノイスは人差し指を立てながら、皆を見た。全員、身を乗り出して聞いている。

「そして挨拶《あいさつ》する間もなく切り出されたよ。条件は社名を、『フェアチャイルド・セミコンダクタ』にすること、5年後、FC&Iの子会社になること。それなら150万ドル出すがどうだ、ってさ!」

「わぁっ!」と、研究室の中が沸《わ》き上《あ》がった。

「やった!」

「やったな!」

「俺たち、裏切者《うらぎりもの》の8人でやり遂《と》げた!」

とうとう、8人全員でシリコン半導体《はんどうたい》の製品化を目指す道が見えたのだ。彼らは、お互《たが》いに抱《だ》き合《あ》って祝福した。

「僕たち、すごくいいチームなんだ」

朝、出社の身支度をしながらゴードンは言った。今度こそ、本当に思い切り開発に打ち込める環境が目の前にある。信じられない思いだった。

ベティは、こんなに意気込んでいるゴードンを見るのは今回が初めてだった。

「今までいろんなことがあったけど、すべて無駄《むだ》じゃなかったわね」

ベティはゴードンの背中をはたき、背広《せびろ》のしわを伸《の》ばした。

「本当に。すべてが今につながってる」

ベティは、感慨深《かんがいぶか》そうにこれまでを思い出しているゴードンを見つめた。

「これから先も何が起ころうと、いい未来につながっているに違いないわ」

そう言ってベティはゴードンを送り出した。

それから8人は、猛烈《もうれつ》な勢いでそれぞれの仕事にとりかかった。生まれたばかりのフェアチャイルド・セミコンダクタは、3ヵ月たらずでシリコン半導体を完成させ、その後、市場を席捲《せっけん》していく。

しかし……ゴードンの人生はカリフォルニアの大波のように波乱《はらん》に満ちていた。キラキラと光る穏《おだ》やかな水面は突然膨《とつぜんふく》れ上《あ》がり、砂浜に築いた何もかもを押し流してしまう。ゴードンはその度に化学というお気に入りのサーフボードで、その波をなんとか乗りこなすのだ。そして、年々その腕《うで》は上がっていった。

10年後、フェアチャイルド・セミコンダクタは、一万人以上の従業員を抱《かか》える大企業に成長した。だが、ゴードンは順風満帆《じゅんぷうまんぱん》にも思えたフェアチャイルド・セミコンダクタを、ノイスと共に辞《や》めた。ゴードンとノイスだけではない。ゴードンが辞めるまでに、裏切者《うらぎりもの》の8人のうち、ほとんどがすでにそこを出て、独自の道へ歩き出していた。

ゴードンとノイスが彼らの会社を離れた40年余り後、マウンテンビューの北西、ブラックマウンテンの山麓《さんろく》に広がる自然公園には、白髪頭《しらがあたま》のゴードンと、老婦人となったベティの姿《すがた》があった。

「大丈夫《だいじょうぶ》かい、ベティ」

「ばかにしたものじゃないわよ、あなた」

ゴードンはベティの手をひく、ベティは楽しそうにゴードンと歩く。二人は、一緒に出かけては、鉱石《こうせき》を拾い集めるのを趣味《しゅみ》にしている。鉱石といっても、いわゆる小石だが。

「ベティ、これ、翡翠《ひすい》じゃないか？」

「……やあね、これ石英《せきえい》だわ」

そんなやり取りをしながらしばらく歩くと、開けた丘《おか》に出た。そこからは、マウンテンビューが一望できる。

眼下《がんか》のどこかには、インテルの社屋《しゃおく》があるはずだ。それは、世界最大の半導体《はんどうたい》メーカーで、FC&Iを辞《や》めた後、ゴードンとノイスが創業《そうぎょう》した、今なおトップを走り続ける大企業である。

そして忘れてはならない人物がもう一人いる。FC&Iでゴードンの部下となった化学工学博士のアンディ・グローブだ。この人物がインテルを支える大きな力となり、ゴードン、ノイスと共にインテルを成功へと導《みちび》いた。

ノイスは十数年前にこの世を去った。彼は最後まで、ゴードンの盟友《めいゆう》だった。ゴードンは今や世界的な大富豪《だいふごう》で、世界の長者番付で上位10人に数えられたこともある。が、彼の生き方は変わらない。

「アンディは面白い人よね、ノイスとぶつかってばかりだったのに、なぜか公私ともに仲よくして」

ベティはマウンテンビューを眺《なが》めながら言った。

「そうだね。でも僕ら3人だったからこそ、インテルをここまでの会社にできたんだ。いい仲間があってこそ、一人の力が何倍にもなるんだよ」

いまや大企業となったインテルはもちろん、パーソナル・コンピュータの覇者《はしゃ》IBMも、windowsでオフィスを席捲《せっけん》するマイクロソフトも、コンピュータをよき友人に変えたアップルコンピュータも、皆、この谷で成長し、この地は、いつしかシリコンバレーと呼《よ》ばれるようになった。

ゴードンたちが開発したシリコン半導体は、いまや当たり前に普及《ふきゅう》し、コンピュータの頭脳《ずのう》となった。シリコンの円盤《えんばん》に印刷《いんさつ》する要領《ようりょう》で、複数の回路を取り付ける「集積回路《しゅうせきかいろ》」を発明したのもノイスたちだ。

それは、コンピュータの発展をさらに加速させ、40年ほど前にゴードンが「半導体の集積密度《しゅうせきみつど》は1年半で2倍になっていく」と予言した通り、当初、1つのチップに2つや3つだった回路の数は、すでに数億になっている。

ベティは言った。

「あなたがこの美しいカリフォルニアの谷間を、シリコンバレーにしたのね」

ゴードンは首を横に振《ふ》る。

「僕一人じゃできないさ。ここは、ショックレー博士と、8人の裏切者が切り開き、たくさんのエンジニアが受《う》け継《つ》いでできた谷だ。それより一番大切なことは、人々がコンピュータを手にして幸せになったかどうかだ。僕が開発したシリコン半導体が、社会をよくしたかどうかだよ」

ベティは、ゴードンの背中をぽんぽんと叩《たた》いた。

「あなたのそういうところ、好きよ。あら、あそこ、翡翠《ひすい》かしら」

「どこ？」

ゴードンは少年のように目を輝《かがや》かせて小石を拾う。

このなんでもない鉱石《こうせき》が、いつか世界を変えることがあるかもしれない。シリコンのように。

科学の
先駆者たち

コンピュータと優しく会話する方法

グレース・ホッパー

「コンピュータ・プログラマーを養成《ようせい》する実験
有償《ゆうしょう》ボランティア募集《ぼしゅう》
応募資格：18歳以上
コンピュータの知識必要なし」
1950年代の終わり、新聞の求人欄《きゅうじんらん》に出ていたこんな募集広告を見て、19歳のマリリン・ミーリーは、軽い気持ちで応募してみることにした。
しかし、会場のスペリー・ランド社にやって来たマリリンは、白い研究室の冷たい椅子《いす》に座《すわ》らされ、この実験に応募したことを心底後悔《しんそこうかい》していた。これは、開発中のプログラミング言語「COBOL」を、一般的《いっぱんてき》な若者が習得できるかどうかを調査する実験で、今日から自分がコンピュータのプログラムを学ぶことになるとわかったからだ。

「わたしには、とても無理」

すっかり気が滅入《めい》ってしまったマリリンは、ふて腐《くさ》れて、ちょっとした手伝いをする簡単なアルバイトだと思ったのに、と言った。

とまどうマリリンに、あの募集広告を出した本人だという女性が近づいてきて優しく話しかけた。

「こんにちは、マリリン。私はスペリー・ランド社のプログラミング研究部長を務めるグレース・ホッパーよ。大丈夫《だいじょうぶ》、きっとできるわ」

「でも……わたしって、その、つまり、すごく普通なの……」

マリリンはなんとかして、自分が普通の女の子であることを伝えようとした。週末にボーイフレンドとデートしたり、ショッピングに行くのが好きで、難しい計算なんて縁《えん》のない、ただの女の子なのだ、ということを。

「高校の成績だって、特に優秀って感じじゃないし……それに、コンピュータなんて一生見ることもないと思ってた。ご期待にそえなくて申《もう》し訳《わけ》ないのだけど、わたし、この実験には……」

そう言いかけたマリリンの言葉をさえぎって、ホッパーは嬉《うれ》しそうに言った。

「とてもいいわ。普通の若者であること、それが、この実験で最も欠かせない条件なの。まぁ、あなたは、普通よりちょっと美人ではあるけれどね」

マリリンは、おだてられてもその手にはのらない、と言いたそうにホッパーを見たが、それはお世《せ》辞《じ》でもなんでもなく、被験者に対する、たんなる評価だった。

白衣のホッパーは、マリリンの不安などお構《かま》いなしに、ヒールの靴《くつ》を鳴らして準備のために歩き回り、せかせかと部屋から出て行ったと思ったら、数冊の雑誌を抱《かか》えて戻《もど》ってきた。それからそれを彼女の前に並べて言った。

「この雑誌は、ご存じかしら？」

表紙には、中年の男性が作業台に向かい、バラバラの部品を組み立てている絵が描かれている。

「『ポピュラー・エレクトロニクス』……？　知らないわ。わたしのパパくらいの男性が読む雑誌かしら？」

「あら、若い人も女性も、エレクトロニクスに興味がある人は皆、読んでるわ。もちろん、私もね。電子機器やその部品に関する情報誌で、全国にたくさん読者がいるの」

へ～、と言いながら、マリリンは興味なさそうにページをめくった。

「コンピュータに関する記事も扱《あつか》ってるわ。そこで、今回のプログラミングに関する実験を、この雑誌で発表するつもりよ。だから頑張《がんば》って」

それを聞くと、マリリンは驚き、ますます尻込《しりご》みした。

「ええ!?　雑誌に載《の》せるの!?　それじゃ、実験が失敗したら、どうなっちゃうのかしら？」

「……そうね、プログラミングは、一般《いっぱん》には扱《あつか》えない難しい仕事で、コンピュータは専門家しか使えない難解《なんかい》なマシン、てことになっちゃうんじゃないかしら？」

マリリンはとんちんかんな答えに抗議《こうぎ》するように、両手でばんばんと机《つくえ》を叩《たた》いた。

「そうじゃなくて！　プログラミングを習得できなかったら、わたし、アメリカ中からバカだと思われちゃうわ」

ホッパーは、泣きそうな顔で抗議《こうぎ》するマリリンの向かい側の椅子に座《すわ》って、彼女をまっすぐ見て言った。

「マリリン、もちろん簡単に、とはいかないけれど、私が全力でサポートする。だから、必ずできるわ！　それに、もしプログラミングを習得できたら、すごく面白そうだと思わない？」

ホッパーはとびきりの笑顔を浮《う》かべた。

なんと力強い笑顔なのだろうか。その笑顔に引《ひ》き寄《よ》せられるように、マリリンは気づけばうなずいていた。


それからさかのぼること15年前——。1943年12月、37歳のグレース・ホッパーは、長年勤《つと》めたバッサー大学の数学科の助教授を休職して、海軍に入隊した。日本によるパールハーバーへの攻撃《こうげき》に、ショックを受けたためだった。

「数学者として、アメリカの防衛《ぼうえい》に尽力《じんりょく》したいんです！」

しかし、海軍に志願した当初は、年齢と小柄《こがら》な体格で入隊を断られてしまった。

それでも粘《ねば》り強《つよ》くチャレンジを続け、ようやく予備役《よびえき》として入隊が許《ゆる》されたのは、1年も後だった。それからミッドシップマン・スクール（予備役学校）で2ヵ月の訓練《くんれん》を受けた後、首席で卒業し、中尉《ちゅうい》に任命された。

ホッパーが最終的な赴任先《ふにんさき》となる、ハーバード大学の「陸上艦《りくじょうかん》」に到着《とうちゃく》したのは、1944年夏のことだった。

「海軍に入って、陸上で仕事をすることになるとは思わなかったわ。みんな、ここのことを『陸上艦』と呼《よ》んでいるけど、どこかに船があるんですか？」

「陸上艦というのは通称《つうしょう》さ。ここは、ハーバード大学の船舶《せんぱく》計算機プロジェクトの開発チームで、海軍の兵器プロジェクトの一部でもあるんだ」

ハーバード大学でホッパーを出迎《でむか》えたのは、ロバート・キャンベルという年下の青年と、セーラーの軍服にライフルを担《かつ》いだ、重装備の海軍兵だった。

ホッパーがライフルに気を取られていると、キャンベルはホッパーの緊張《きんちょう》をほぐそうと言った。

「ぼくらが扱《あつか》うのは、国家の機密情報だ。だから、厳重《げんじゅう》に管理されてる。でも、君がスパイじゃないかぎり、銃《じゅう》を向けたりはしないから安心して」

そう言われても、目の前にライフルを装備した兵士がいるのは落ち着かない。ホッパーは苦笑いを浮《う》かべながら、質問を続けた。

「あなたは海軍の制服を着ているけれど、軍の所属なのかしら？」

「ぼくはここ、ハーバード大学の物理学博士。でも、ここではみんな海軍の制服を着て仕事をしているのさ。だからここにいるスタッフを、皆、『クルー（乗組員）』と呼ぶんだ」

なるほど、海の上ではないが、海軍として戦っていることに変わりはない、ということなのだろう。

「それで、ここでは、暗号の解読をどんなふうに進めていらっしゃるの？」

「暗号？」

「暗号（コード）の解読が私の仕事でしょう？」

「残念。確かにコードを扱《あつか》うのが仕事だけど、ぼくらは書くほう、コーダーさ」

「コーダー……？」

「今にわかるよ」

研究室は地下にあるという。コンクリートの暗い階段を、武装したクルーに案内されて下りていった先には、巨大《きょだい》なスチール製の機械と、しわ一つない軍服を身にまとった指揮官《しきかん》が待っていた。

彼こそ、ホッパーをこの研究室に呼び寄せた人物、物理学博士で海軍中佐の、ハワード・ハサウェイ・エイケンであった。

物理学博士より、海軍の中佐が性に合っているのか、根っからの軍人のような精悍《せいかん》な顔つきをしている。彼は貧乏《びんぼう》のどん底から、血のにじむような努力で這《は》い上《あ》がってきた、研究熱心な物理学者であり、こわもての海軍司令官だった。

エイケンは不機嫌《ふきげん》そうな表情で、ホッパーの顔を見るなり唸《うな》るように言った。

「いったい、どこに行っていたんだ」

ホッパーはその声に内心震《ふる》え上《あ》がったが、平静を装《よそお》って答えた。

「ボストンの海軍本部を出た後、迷《まよ》ってしまい、数時間もここを探し回っていました」

するとエイケンはますます厳しい表情になって怒鳴った。

「この2ヵ月間の話だ！」

ホッパーは何のことだかもわからず、緊張《きんちょう》と恐怖《きょうふ》で頭がくらくらした。

「彼女をミッドシップマンズスクール（予備役学校）になど行かせる必要はない、と言っておいたのだ。それが2ヵ月も待たせおって！」

——軍からの配属でスクールに行ったのに、私に腹を立てるなんて筋違《すじちが》いだわ……。

怒鳴られた理由はあまりに理不尽《りふじん》だったが、ホッパーは素直に謝《あやま》った。

「大変、申し訳ありません」

エイケンは、フン、と鼻を鳴らしただけで、そっぽを向いた。

あまり歓迎《かんげい》されていない様子に心が折《お》れそうだったが、「待っていた」というからには、エイケンは自分を必要としているのだ。ホッパーは自分を奮《ふる》い立《た》たせた。

「まぁ、いい。開発中のマークI《ワン》を紹介しよう」

そう言ってエイケンが指示した先、まさに、ホッパーの目の前に立ちはだかっていたのが、ハーバード・マークIだった。それは、高さ2・4メートル、奥行《おくゆき》0・6メートル、幅《はば》16メートル、重さは4・3トンという巨大《きょだい》なスチール製のマシンで、エイケンたちはそれを「自動シーケンス制御《せいぎょ》計算機」だと説明した。

ハーバード・マークIは、騒《さわ》がしい音を立てて、今まさに動いていた。研究者とはガラスで隔《へだ》てられ、正面に設置された無数のダイアルと真空管は、ケースの中で黄金色に輝いている。それは重々しく厳《おごそ》かで、神聖《しんせい》なものにさえ見えた。

「ハーバード・マークIはIBMの協力を得て開発し、IBMが得意とするパンチカードのシステムを採用している。このマシンは、関数の計算と集計、積分の計算、いろいろな方程式や数値解析《かいせき》……

そういった、あらゆる数学的な問題を扱《あつか》うことができるのだよ」

「……計算機は、これほどまでに高性能になっていたんですね」

エイケンの説明を聞きながら、ホッパーは、初めて見る巨大な計算機に目が釘付《くぎづ》けになった。わくわくして、このマシンのことが知りたくてしょうがない。それは子どもの頃、家中の時計をバラバラにして、どうやって動くのか調べた時と同じ感情に違いなかった。

「パンチカードで、どうやってこの大きな機械を動かしているのかしら」

ホッパーの疑問《ぎもん》に、キャンベルが答えた。

「マークⅠに格納《かくのう》された対数表や関数表、パンチカードに記録された関数表を使っているんだ。最高23桁《けた》の正確な計算を行える。面白いだろう？　これから、ぼくと君で、こいつのコードを書くんだ」

「コードって、これのことなのね！」

「パンチカードを使った、計算機に与《あた》える命令だよ。これがなかなか大変な作業で、人手が足りていない。ぼくらは船上砲《せんじょうほう》の弾道《だんどう》計算を急がねばならないんだ」

一通り説明を聞き終わった頃には、ホッパーはハーバード・マークⅠにすっかり心酔《しんすい》していた。

「コードだけではないぞ、実際に機械加工や修理もしてもらうからな」

エイケンの態度は相変わらずだったが、もう、そんなことはどうでもよくなって、ホッパーの頭の中はハーバード・マークⅠへの興味でいっぱいだった。

「このマシンのことはまだ何もわかりませんが、私、きっと役に立ちます」

すると、エイケンは一冊の本を差し出した。

「『哲学者《てつがくしゃ》の生涯《しょうがい》からの一節』……チャールズ・バベッジの著書だ。これを読んでおけ」

エイケンは、チャールズ・バベッジの自動計算機の理論と、パンチカード・システムの正しさを確信していた。ハーバード・マークIは、その根底にチャールズ・バベッジの理論を採用したマシンだった。

その本の一節には、こう書いてあった。

「もし、別の原理、あるいはより単純《たんじゅん》な機械的手段で、自動計算機械の構築《こうちく》に成功した者がいれば、私は、自分の栄誉《えいよ》をその者に譲《ゆず》り渡《わた》すことになってもいい」

――エイケン中佐は、自分がその栄誉を手にしようというのね。

ホッパーは思った。そして、この本で、初めてチャールズ・バベッジと、エイダ・ラブレスの出会いと、そこから生まれた「プログラミング」の概念《がいねん》を知ったのだった。

――私、必ずハーバード・マークIのコードを自分のものにしてやるわ。

こうしてホッパーの戦争、数学を使った機械との闘《たたか》いが幕《まく》を開けた。


「なに、そのエイケンって人！　先生はよく我慢《がまん》できたわね」

マリリンはホッパーの昔話を聞いて、エイケン中佐の横暴《おうぼう》さに腹《はら》を立てていた。

「我慢だなんて。まあ、もう少し親切にしてくれたらよかったけど……でも、とても優秀で努力家。

今でもエイケン氏を尊敬《そんけい》しているわ」

「ふーん。そういうもんなのかしら。わたしならすぐ逃《に》げ出《だ》しちゃうけど」

「それに、戦争中だったから、全員が本気で取り組む必要があった」

「それで先生は、1からこのプログラミングを学んだの？」

マリリンはプログラミングのマニュアルを指さした。

「いいえ、学んだんじゃないわ。そもそも、そのプログラミングを作ったのが、私なのよ。このマニュアルにあるプログラミング言語は英語に近い言葉になっているでしょう？」

「これ、先生が作ったの？　先生って、すごい人だったんですね！　だって、わたしにもだいたいの意味がわかるもの。〝AならBへ、もし、Cなら、Aへ戻《もど》れ〟って書いてある」

「でも、機械には英語はわからないでしょ。だから、ひと工夫してあるの」

「ひと工夫？」

「そう、あの頃、ハーバード・マークⅠと会話するには、数字の0と1を使って話さなくちゃならなかった。001010……とか、ね」

ホッパーは懐《なつ》かしそうに言った。

陸上艦《りくじょうかん》の見学の後、エイケンはてきぱきとやるべきことを指示した。

「キャンベル、見学が終わったら、ホッパーにマークⅠの使い方を説明してやれ。それが終わったら、ホッパーはすぐに計算にとりかかるんだ。すべての計算を1週間以内に終わらせなければならない」

そう言って、エイケンが計算すべき書類をホッパーのデスクに積み上げると、書類の山で向こう側が完全に見えなくなった。

――こんな量の計算、1週間徹夜《てつや》したって、絶対に終わりっこないじゃない。

「あの、わたし、住むところを探さなくてはならないのですが」

ホッパーがおずおずと言うと、怒鳴り声が返ってきた。

「そんなものは、後回しだ！　我々《われわれ》は戦場にいるんだ！」

キャンベルは肩《かた》をすくめてホッパーを見ると、笑顔で言った。

「大丈夫《だいじょうぶ》。ハーバード・マークIを使えばすぐ終わるよ」

キャンベルは、ハーバード・マークIの構造と使い方を一つひとつ説明した。

「24個で1セットのスイッチが60セットある。それがこのびっちり並んだ黒いダイアル。これを手でひねってデータを入力する。こっちがリレー（接続の切り替え）」

「命令のフォーマットは、どうなっているの？」

「二進法で表現する。ハーバード・マークIが理解できるのは、『0』と『1』だ」

「『0』と『1』？」

キャンベルは、小さくて規則的《きそくてき》な穴がたくさん空いた、特殊《とくしゅ》なテープをホッパーに手渡した。

「これが『パンチカード』。機械に指示するためのプログラムだ。計算機の他にも、いろいろな機械で使われているけど、有名なのは織機《しょっき》だね。簡単に言うと、機械の指がこの穴を通ると処理が実行され、この穴を通らなければ何もしない」

「なるほど、この穴のある無しが、『0』と『1』の二進法になっているのね」

スペリー・ランド社の廊下《ろうか》を歩きながら、ホッパーはマリリンに二進法について説明したが、マリリンには、なかなか理解できなかった。

「二進法って、頭がこんがらがっちゃうわ」

マリリンは、ため息をついて言った。

「私たちは普段、十進法で生活しているから、急に二進法で考えろって言われても簡単にはいかないわ。私たち数学者にとっても、面倒《めんどう》でやっかいなことだもの」

「でも、先生は機械語を全部覚えたのよね？」

「だいたい全部、ね。私たちコーダー仲間で、『コードブック』を共有して、参照しながらやっていたわ。重複《じゅうふく》するコードや、共通の誤《あやま》りが多かったから、そういうのを共有して、なるべく無駄《むだ》を省《はぶ》こうとしたの。あの経験で、みんなの知恵を集結すれば、不可能が可能になるって知った」

「先生でも、ほかの人の力を借りることがあるんだ」

「あら。私なんて、わからないことばっかりだったわ。私より先に『陸上艦《りくじょうかん》』でプログラムを書いていた仲間は二人いて、私は彼らに質問ばっかりしてた。だけど、そうやって機械と対話するのは、とてもやりがいのある仕事だったわ。だから戦争が終わって、マークⅠの後継《こうけい》としてマークⅡ《ツー》が誕生してからも、引き続き開発に携《たずさ》わったの。……そうそう、ある夜、バグを発見したのよ、本物のね」

「バグ？　虫のこと？」

「プログラムの誤《あやま》りや不具合のことをそう呼《よ》ぶのよ。でも、私が見つけたのは、本物の『バグ』だったの」

開発チームは24時間体制《たいせい》で、マークⅡも休まず稼働《かどう》していた。ホッパーは、ハーバード・マークⅡに自分が担当する計算をさせる時には、３日３晩を陸上艦で過ごすこともあった。

そんなある夜。ホッパーがつい、うとうとしていると、若いクルーが血相《けっそう》を変えて駆《か》け込《こ》んできた。

「マークⅡが突然停止《とつぜんていし》してしまいました！」

ホッパーはびっくりして目が覚めた。

「ええ!?　大変！　私のコードに間違いがあったのかしら？」

ホッパーは、何時間もかけてコードを見直したが、ミスは見当たらなかった。

「バグはないみたいですね……。困《こま》ったな」

クルーは弱りはてている。

「もしかしたら、どこかで真空管《しんくうかん》がショートしているのかもしれないわ」

ホッパーは、機械の裏側《うらがわ》にまわって、隅々《すみずみ》を調べることにした。

彼女は夜な夜な機械の基本設計図と回路図を調べ、この頃には、誰にも負けないくらいに、ハーバード・マークⅡの構造を理解していた。クルーからは「ミスター・フィクジット（修理工）」のニックネームで呼《よ》ばれることもあったほどだ。

懐中電灯《かいちゅうでんとう》で照らしながら、真空管を注意深く調べた。

「あっ！」

ホッパーとクルーは、小さな蛾《が》が真空管に接触《せっしょく》して焼け死んでいるのを発見した。

「バグ（虫）は、あったわね……」

「はは、ありましたね」

二人は思わず吹《ふ》き出《だ》してしまった。

「エイケン中佐は、朝いちばんに報告書を見るから、私は報告書にその蛾を貼《は》りつけて、こう書いておいた。『本物の〝バグ〟が発見された最初の事例』ってね」

マリリンは、ホッパーの話を興味深そうに聞いている。

「もとは、技術者たちが原因不明の不具合のことをそう呼《よ》んでいたそうよ。あの一件以来、コンピュータのプログラムの不具合を〝バグ〟と呼ぶ習慣が、アメリカ中に広まったわ」

「あはは、面白い」

「着いたわ、この部屋にコンピュータがある」

ホッパーはそう言って、スペリー・ランド社が誇る最新式のコンピュータが設置された部屋にマリリンを案内した。

「これは『UNIVAC』。あなたがこれから学ぶのは、この子と会話する方法よ」

「わぁ……」

事務用デスクの上の大きなパネルには、おびただしい数のスイッチが並んでいる。一つひとつに役割があるのだろうが、マリリンにはまったくわからない。その後ろには、磁気《じき》テープのボビンがいくつも並んだラックと、無数の真空管がささった大きなスチール製の棚《たな》が、厳《いか》つく立っている。

「この子、とても話が通じる相手とは思えないのだけど」

それを前に、マリリンは怖気《おじけ》づいていた。

「あら、確かにこわもてだけど、いい子よ。優等生なの。今は色々なオフィスで働いているわ」

「オフィスで、普通の人がこれを使っているんですか」

「ええ」

ホッパーはうなずいた。

「弾道《だんどう》計算の代わりに、今ではビジネスの要望に合わせて、様々なアプリケーションがインストールできる。給与計算《きゅうよけいさん》、販売統計《はんばいとうけい》、年金制度《ねんきんせいど》、保険料《ほけんりょう》、在庫管理、生産管理。アプリさえ作れば、なんだってこなせる子なの。あなたが書いたプログラム通りに動くわ」

「すごい……」

それを聞いてマリリンは、いつの間にかわくわくしていた。

「UNIVACは、ハーバード・マークIの頃と比べて、かなり改良が進んだの。歯車は、電子のリレーになり、パンチカードの代わりに、磁気テープを採用している。計算速度も段違いに速いわ」

「これもエイケンさんが考えられたんですか？」

「いいえ」

ホッパーは首を振って、すこし唇《くちびる》を曲げて考えるそぶりをした。

「これを開発したのは、エッカートとモークリーという二人の人物よ。でも、ひと悶着《もんちゃく》あってね……あなた、フォン・ノイマン博士をご存じ？」

「ええ。去年か一昨年《おととし》に亡《な》くなられましたよね？　ラジオでニュースになってた。たしか、マッド・サイエンティストって紹介されてたわ」

「そう、彼。でも、マッド・サイエンティストは言い過ぎ。立派な科学者よ。ある日、彼がハーバード大学にマークIを見学に来たことがあったわ」

「ほう。これはすごい」

エイケンに案内されて、ノイマンは陸上艦《りくじょうかん》へとやってきた。

彼はマークIの説明を聞きながら、あちこち見て回り、その機械的な仕組みや論理構造《ろんりこうぞう》をすぐに理解したようだった。

「ぜひ、開発の手助けをさせてほしい」

そんなノイマンの申し出を、エイケンも大歓迎《だいかんげい》で受け入れた。

それから、ノイマンは、何度かやってきて、エイケンと情報交換《じょうほうこうかん》をしていた。

「ノイマンから、ある計算の依頼《いらい》が来ている。これを優先してやっておけ」

ある日、クルーはエイケンから、大量の計算を手渡された。それは、ハーバード・マークIを24時間体制《たいせい》で稼働《かどう》しても、2週間を要する大仕事だった。

なんとかそれをやり遂《と》げ、ノイマンに渡してからしばらくして、エイケンはノイマンから、衝撃《しょうげき》的《てき》な報告書を受け取った。

「やられたよ。先日の計算は、プリンストン大学で開発したENIACと、我々《われわれ》のマークIの計算速度を比較《ひかく》するための実験だったそうだ」

エイケンは悔《くや》しそうにホッパーたちに向かって肩を落とした。

「それで、結果はどうだったんですか？」

「ENIACの圧勝だと言ってきた。ハーバード・マークIが1秒間に3回計算を行うのに対して、ENIACは5000回とのことだ」

それを聞いて、ホッパーもクルーたちも、みな驚愕《きょうがく》した。

「そんなに速いなんて!」

「だがENIACは、マークIと違い、プログラムの変更《へんこう》をするには、すべての配線を見直して、差し直さなければならない。それには3日間かかる。ハーバード・マークIなら、プログラムを変更するのにかかる時間は、たった5分だ」

そう言いながらも、エイケンの心の中には敗北感がこみ上げてきた。バベッジに代わって栄誉《えいよ》を手にするのは、自分ではないのかもしれない、と。

その隣でホッパーは、冷静にマークIを見つめながら、歯車を使った計算機の限界を感じていた。


「ひどいわ、やっぱりマッド・サイエンティストじゃない!」

マリリンはノイマンの話を聞いて、憤慨《ふんがい》して言った。

「あの頃は、計算の速度が直接的に戦況に影響《えいきょう》する時代だった。だからノイマンも必死だったんだと思うわ」

それに、とホッパーは続けた。

「ノイマンは、ENIACの優《すぐ》れたところと、ハーバード・マークIのプログラミング可能な特性をミックスする方法を考えてた。それは、エッカートとモークリーの両者も目指すところだったから、ノイマンは二人のアイデアを基礎《きそ》にして、マークIのようにプログラミング可能な新しいコンピュータの構想《こうそう》をまとめたの」

ホッパーは、ちょっと待ってて、と言うと、扉《とびら》の奥に消え、しばらくすると古い論文をひっぱり出してきた。それには「EDVACに関する第一草稿《そうこう》　著ジョン・フォン・ノイマン」とあった。

「何が書いてあるのか、全然わからない」

マリリンはちらっと中身を見て、すぐに閉じた。

「ここに書かれているのは新型コンピュータの構想。それは、エッカートとモークリーが、ほとんどを作り上げたものなの。でも、著者にノイマンの名前しか書かれていないでしょう。それで、エッカートとモークリーの二人は激怒《げきど》しちゃったわけ」

「エッカートさんとモークリーさん、気の毒だわ。二人はその後、どうしたの？　復讐《ふくしゅう》した？」

「二人は大学を辞めて、ノイマンの研究チームとも決別した。そして、二人が〝エッカート・モークリー・コンピュータ社〟を立ち上げて、作り上げたのが、このUNIVACなのよ。このマシンを完成させることで、ノイマンに復讐したわけね」

「やるわね、エッカートさんと、モークリーさん！」

「もともと私は、UNIVACに関わりたくて、二人の会社に入ったの。モークリー氏は今まで出会った人の中で、一番と言えるほど、いい人だった。でも色々あって、UNIVACと私は、今スペリー・ランド社にいる」

「先生は、このUNIVACが好きなのね」

マリリンはなるほど、という顔でUNIVACを見た。

「悔《くや》しいけど、コンピュータがここまで来たのは、やっぱりノイマン博士のおかげでもある」

ホッパーは付け加えた。

「あの論文が広く研究者の間で知られるようになったおかげで、コンピュータの開発が劇的《げきてき》に進歩したから」

「……どういうことですか？」

マリリンは首を傾《かし》げた。

「あっちこっちでノイマンの第一草稿にのっとった、色々な試作機《しさくき》が作られたのよ。そして、それぞれのフィードバック、つまり、よかった方法や悪かった方法を生かして、また別のマシンが開発された。そうやって、世界中の研究者が、バラバラでありながら、コンピュータという一つの理論を研《と》ぎ澄《す》ましていったのね」

「そうなんですか……ノイマン博士は、そうなるとわかっていて、わざとやったのかしら」

「そうかもしれないわ。だから私は、プログラミングでも、開発中の情報を公開して、エンドユーザーと開発者が一心同体で開発、改良をしていくのが開発の一番の近道だと信じているの。それで今、そういう活動も進めているわ」

そう言ってホッパーはとびきりの笑顔を見せた。

マークⅠ、そしてマークⅡの開発に力を注いだホッパーだったが、やがてチームを離れる時が来た。

「お世話になりました。数学者に戻る時が来たようです。海軍の活動は予備役としてできることをしてゆく所存です。ありがとうございました」

ホッパーは泣きそうになりながら、陸上艦《りくじょうかん》のクルーたちとエイケンに、別れの挨拶《あいさつ》をした。

最初は女性だからと軽視《けいし》され、傷《きず》ついたこともあった。でも、今ではすっかり、皆かけがえのない戦友だった。

気難しいエイケンも、ホッパーを認めていて、彼に意見することができたのは、クルーの中でホッパーだけだった。

「君のユーモアで、何度も救われたよ」

コーダー仲間のキャンベル。夜中に皆が疲《つか》れ果《は》てた時も、ホッパーはヘンテコな絵を描いたり、歌ったりして、皆を笑わせていた。

「ホッパー中尉、いろいろありがとうございました！」

若い下士官たちにとっては、頼りになる母親のような存在でもあった。

「あなたたち、いいアイデアが浮《う》かんだら、上司の許可を待つより、とにかく、やってみることよ。後で謝ったほうが早いわ」

ホッパーが言うと、エイケンはしかめ面で釘《くぎ》を刺《さ》した。

「真に受けるなよ、それで俺が、どれだけ上に頭を下げたか、わからんからな」

「先生はどうして、スペリー・ランド社に勤《つと》めることになったの?」

マリリンはホッパーの人生に興味が湧《わ》いて、そう尋《たず》ねた。

「陸上艦を出た後、数学の助教授に戻《もど》る道もあったけど、すっかりコンピュータにとりつかれちゃって。UNIVACの可能性にひかれて、エッカート・モークリー・コンピュータ社に入ったわ。けど、エッカート氏もモークリー氏も、工学の天才ではあったけど、経営《けいえい》の才能はまったくなくてね。結局、スペリー・ランド社に買収されて、今ここにいる」

「大変だったのね。大学で教えるほうがずっと安定しそうなのに、できたばかりの会社に飛び込むなんて、勇気があるわ。……先生って、ちょっと変わってる」

「確かに、港にいれば船は安全だけど、それじゃ何のための船なのかってこと。退屈《たいくつ》な人生は、嫌《いや》なのよ」

そう言ったホッパーの瞳《ひとみ》は深く、優しく、遠くを見ているようだった。マリリンの口から、つい、誰にも言ったことのなかった本音が漏《も》れた。

「……わたしも、時々、そんな気分になることはある。ボーイフレンドとデートをしていても、ふと、このままこの人と結婚して、何も起こらない人生を生きていくのかなって思うの」

ホッパーはそれを聞いて言った。

「でも、何も起こらない人生なんて、そうそうないわ。いざ出港《しゅっこう》したら、必ず海は荒《あ》れる。それを乗《の》り越《こ》えるのは、簡単じゃないわ」

ハーバード大学を出てから、エッカート・モークリー・コンピュータ社に入社して半年ほどが経《た》った、ある寒い夜。43歳のホッパーは、泥酔《でいすい》して、フィラデルフィア中央警察署《けいさつしょ》に収監《しゅうかん》されていた。

この頃のホッパーは、一日の休日もないような、戦争中の張りつめた日々と、厳《きび》しい司令官のストレスから解放され、ふと自分の人生が空っぽであることに気がついた。夫とは終戦の年に離婚《りこん》し、子どももなく、愛するコンピュータとクルーたちとも、今はもう離れ離れになってしまった。

「独《ひと》りぼっちだわ」

やっと見つけた会社は経営《けいえい》が芳《かんば》しくなく、過酷《かこく》な労働時間、少ない福利厚生《ふくりこうせい》、わずかな給与《きゅうよ》で、将来は不安定だった。

アルコールに頼《たよ》る日が多くなり、ついには警察《けいさつ》のお世話にもなった。

「もう、生きている意味なんて、ないかもしれない」

そんな風に思うことさえあったが、そんなホッパーを支えたのは、仕事場の仲間たちと、コンピュータのUNIVACだった。

「なにやってるんですか、ホッパーさん〜。ほら、しっかりして、ホッパーさんだけが頼りなんですから」

同僚《どうりょう》になった若い女性社員は笑いながら、足取りもおぼつかないホッパーを支え、警察から家まで連れ帰ってくれた。

「このまま漂流《ひょうりゅう》していては、だめだわ。嵐《あらし》を乗《の》り越《こ》えて新大陸を見つけなくちゃ。そのためのコンピュータが必要なのよ」

ホッパーは決意した。

エッカート・モークリー・コンピュータ社は、女性を起用することに積極的で、ホッパーはたくさんの女性の同僚《どうりょう》を持つこともできた。彼女たちの支えもあって、お酒をきっぱりとやめ、なんとか立ち直ることができた。

だんだんと元気を取《と》り戻《もど》したホッパーは、社内で最も頼れる、経験豊富《けいけんほうふ》なプログラマーの一人として働き、1957年に「FLOW-MATIC」を開発した。これは世界初の、英語で書かれたプログラミング言語だ。

「そして国防総省の提案《ていあん》で、FLOW-MATICを発展させたのが、この『COBOL』よ。多くの人と力を合わせて開発したコンピュータとの会話法なの。0や1ではなく、わたしたちが普段使っている言葉に近い言語だから、もっとたくさんの人がコンピュータを活用できるようになるはずよ」

マリリンは最初に渡されたマニュアルを改めて開いてみた。やはりわからないことだらけだ。

「でも、チャレンジする価値がありそうだわ」

そう言って笑うマリリンの瞳《ひとみ》に、ホッパーはコンピュータの未来が希望に満ちたものであることを確信したのだった。

科学の
先駆者たち

さあ、コンピュータを
どう使う？

アラン・ケイ

——まるでコンピュータに手を突《つ》っ込《こ》んで、直接操作しているみたいだ！

１９６６年、26歳だったアラン・ケイは、それまで見たことも考えたこともない、驚異《きょうい》のコンピュータ「スケッチパッド」に遭遇《そうぐう》した。

それは、ディスプレイの中に、図形を描くことができるコンピュータだった。

その時代のコンピュータには、ディスプレイは無く、直接コマンドを打ち込んだり、パンチカードや、磁気《じき》テープで制御《せいぎょ》するのが普通だった。そのため、コンピュータを操作するのはとても難しく、熟練《じゅくれん》したプログラマーや、工学部の学生の独壇場《どくだんじょう》だったのだ。

ケイがそれまでプログラミングを学んできたコンピュータというものは、総じてそういう類《たぐい》のものだった。

——難しくて、堅苦《かたくる》しい、退屈《たいくつ》な奴《やつ》。

ケイは、もともと、徴兵《ちょうへい》されて戦地へ行くのをさけるために、戦場に送り込まれることのないプログラマーとして自ら空軍に志願《しがん》し、そこでコンピュータ・プログラミングを学んだ。それは、ジョン・Ｆ・ケネディが大統領《だいとうりょう》に就任《しゅうにん》し、アメリカがベトナム戦争へと足を踏《ふ》み入《い》れようとしていた時代だ。

ケイは、空軍に入る前の３年間、ロックバンドのギタリストをしていた。

流行のビートルズそっくりに髪《かみ》を伸《の》ばし、ひげを整え、おしゃれなスーツ姿《すがた》でステージに上がる。

スポットライトを浴《あ》びて、客の前で最高にかっこいいギターを披露《ひろう》するのが、その頃のケイの仕事だった。

勉強するのは得意だし、子どもの頃は天才と呼《よ》ばれていた。10歳になる頃には、1年に400冊も本を読んでいたから、先生が知らないことも、たくさん知っていた。

でも、ケイが先生の知らないことや、間違っていることを指摘《してき》すると、たいていの先生は憤慨《ふんがい》して、ケイを叱《しか》りつけたり、学校から追い出そうとしたりした。

一人だけ、ケイの好奇心《こうきしん》を認め、それを伸ばそうとしてくれた先生もいたけれど、それは人生でたった一人だった。その先生の授業は、とても自由で、生徒の興味のあることを、何でもやらせてくれた。ケイは次々と新しい発想がわいてきて、わくわくしたものだった。

――学校教育には、そういうわくわくが必要だ。それが子どもの能力を引き出すのだから。

ケイはわくわくがない学校とか、画一的《かくいってき》な授業というものには、どうしてもなじむことができなかった。そのため最初に入学した高校は退学になり、転校して卒業した後に進んだ大学も、結局また退学になってしまった。

――もう、学校に行くのはこりごりだ。僕はわくわく楽しく生きていきたいんだ。その点で音楽は最高だ。僕の好奇心や発想を、思う存分発揮《はっき》できる。

ケイは、ステージに立ちながら、そう考えていた。

その矢先である。

学生でもなく、政府の要職《ようしょく》についているわけでもなかったケイに、徴兵《ちょうへい》通知が届《とど》いた。それは、ベトナム戦線への、恐怖《きょうふ》の招待状《しょうたいじょう》だった。通知を手にして、ケイは、トレードマークの口ひげをなでながら考えた。

「徴兵《ちょうへい》されて戦地に行くのはごめんだ。髪を短く刈《か》り込《こ》まれたりするのもね。空軍で募集しているプログラマーになれば、ベトナムでライフルを担《かつ》いで走り回らなくても済《す》むかもしれない。コンピュータについては何も知らないけれど、まぁ、なんとかなるさ」

最初は、そんな安易《あんい》な考えで飛び込んだ、コンピュータの世界だった。

ところが、ケイはプログラマーの適性試験《てきせいしけん》に合格すると、すぐにその分野で頭角《とうかく》をあらわした。

「自分にプログラマーの才能があるなんて、知らなかったよ」

ケイは空軍の寮《りょう》で、仲間と内緒《ないしょ》でポーカーをしながら、そう言って笑った。ポーカーは軍の規律《きりつ》で禁止されていたから、ポーカーが好きだったケイは、何度も見つかって懲罰《ちょうばつ》をくらった。

「ケイ、君は時間さえあれば、ポーカーをやるか、ギターを弾《ひ》いているそうだな。軍の規律が乱《みだ》れると、軍曹《ぐんそう》が困《こま》って相談に来た。もう少し慎《つつし》んでもらえないかね」

たびたび上層部《じょうそうぶ》に呼《よ》び出《だ》されて小言を言われたが、ケイはいつもどこ吹《ふ》く風と聞き流した。

ケイのプログラミングの腕前《うでまえ》は、群《ぐん》を抜いて優秀だったから、空軍を追い出されることはないとわかっていたのだ。

空軍は、そんなケイの才能を見込んで、コロラド大学で学べるよう、資金を援助《えんじょ》してくれた。

ケイは今度こそまじめに大学に通い、数学と分子生物学の学士号を取得した。

空軍から派遣《はけん》された国立大気研究センターでも、ケイは優秀で、大きな期待をかけられていた。

「ケイ君、コロラド大学の卒業おめでとう。成績優秀だったそうじゃないか。大学での君の噂《うわさ》は、こちらにも届いていたよ」

開口一番、所長はケイの学士号取得を祝福し、言った。

「しかし、勉強より、大学の演劇《えんげき》に夢中だったとも聞いた。公演のための作曲や演出に精《せい》を出していたそうじゃないか」

そういわれても、ケイは飄々《ひょうひょう》としてマイペースだ。

「ええ、僕が手掛《てが》けたどの公演も、大好評で満員御礼《まんいんおんれい》でした。ラジオ番組の音楽の演出も人気になって。やはり自分は、音楽が一番楽しいです。それがないと生きていけないのだと、実感しました」

その発言を聞いて所長は少しだけ眉《まゆ》をひそめ、ケイの空軍にとどまる意欲がなくならないようにと、なだめるように続けた。

「うむ。そうか、それはよかった。……それでなんだが、空軍から大学院の学費も援助されることになったんだ。君さえよければだが、大学院に進んで、さらに先進的な技術を学ぶつもりはないかね」

その提案《ていあん》に、ケイはすぐに答えが出せなかった。その時は、「考えさせてください」とだけ言って、部屋を出た。まだ将来をはっきりとは決められなかったのだ。

——そろそろ、軍を辞めて、本格的に音楽活動に打ち込みたい。だが、コンピュータの仕事は思ったより面白いし、音楽に比べたら安定した仕事で、音楽活動の支えになるかもしれない。できるだけ続けたほうがいいのだろうか。だけど、都会の大学に行くのはつまらなそうだ。趣味《しゅみ》の登山ができて、大自然の中でコンピュータについて学べる大学ってないかな……。

そこでケイが見つけたのが、ユタ大学だった。

自然豊かな山々に囲《かこ》まれた立地に立つユタ大学には、その年からコンピュータ・サイエンス学部が新設されることになっていた。アメリカ中の大学を検討《けんとう》した結果、ケイの条件にあう大学は、ユタ大学、ただ一校だった。

——こんな、運命みたいな出会いがあるだろうか。これこそ、僕が夢見た未来の姿《すがた》だ。

ユタ大学で衝撃的《しょうげきてき》なコンピュータ「スケッチパッド」を見たケイは、心の中でつぶやいた。

そのコンピュータには、ディスプレイがはめ込まれており、そこにペンを使って、直接図形が描けるようになっていた。

これを開発したのは、3年前にMIT（マサチューセッツ工科大学）で博士号をとったばかりの工学博士、28歳のアイヴァン・E・サザーランドという青年だった。彼は、ハーバード大学で3Dグラフィックスの研究をするかたわら、新設のユタ大学コンピュータ・サイエンス学部で教鞭《きょうべん》をとっていた。

サザーランドは、教室で口をあんぐりと開けたケイたち研究生を相手に、スケッチパッドの使い方を、いかにも楽しそうに説明した。右手にペンを持ち、左手を、縦横《たてよこ》に40個ほどボタンが並んだ装置の上に置いている。

「簡単さ、ペンをタッチして、このボタンを押す、それからまたタッチして、こっちのボタンを押す。このボタンとペンで、自在に図形を描くことができるんだ。必要な操作は、たったそれだけ。さぁ、動かしてみたい者はいるかい？」

もちろん、ケイは真っ先に進み出て、スケッチパッドに飛びついた。

「タッチして……ボタンを押す、タッチして……」

ケイは、適当に縦横４本の線を描き、ボタンを押す。すると、４本の線はいびつな四角形になり、さらに下のボタンを押すと、いびつな図形が正方形に変化した。

――なんてすごいんだ！

「入力と同時に、コンピュータが文字や数字ではなく、グラフィック（図）を処理するなんて！これ、すごく面白いです！　へぇ、図形を結合したり切断したり、垂直《すいちょく》と水平を自動的に整えたりもできるんだ」

動かすのが面白くなり、ケイは画面上にいくつかの図形を描いてみせた。それを見て、サザーランドが付け加える。

「こうすれば、回転したり、複製《ふくせい》して図形を増やすことだってできる。これは、グラフィカル・ユーザー・インターフェイス、略《りゃく》してGUIだ。もともと空軍で、敵《てき》のミサイルを迎撃《げいげき》するシステムとして開発しているものだが、僕は一般《いっぱん》で利用することを前提《ぜんてい》に考えている」

サザーランド自身も、わくわくしてたまらない、という風だった。すると、研究生の一人が、難しい顔で疑問《ぎもん》を投げかけた。

「このマシン自体はすごい発明だと思うんですが、一般で使うとなると、これは何の役に立つんです？　図形が描けても、この程度じゃ、手で紙に描くことに勝てない」

サザーランドは、「待ってました」とばかりに、にやりと笑って答えた。

「今は、ね。でも、このシステムが、〝今〟を変えることになる。そして、その使い方は使い手のほうが知っているはずさ」

それを聞いたケイは、ひらめいて言った。

「そうか。これは、印刷《いんさつ》技術に匹敵《ひってき》する発明ですね。印刷技術は、15世紀にドイツで発明されてから、その真価を発揮《はっき》するまでに、200年もの時間がかかってる。最初、人々は印刷技術を持て余して、ほんの限られた用途《ようと》にしか使っていなかった。でも、それが『本』という形で使われるようになった17世紀以降、人類の知性は一歩前進したんだ」

サザーランドは続けた。

「そう。ごく一部でしか共有できなかった情報が、広く共有されるようになった。つまり、メディアの登場さ。科学や哲学、芸術。それから政治や経済の情報を、皆で共有するようになった。すると何が起こったと思う？」

「ルネサンスだ！」

ケイは興奮《こうふん》して答えた。

「本というメディアが、芸術、科学、哲学、社会の仕組みまで、何から何まで変えたんだ」

そしてその時、ケイはこうも思った。

――これからは、コンピュータの真の使い方を発明するべきなんだ！

それからすぐのこと、ケイは、サザーランドにFLEXというコンピュータのシステムの開発を手伝わないかと誘《さそ》われた。

「国防総省高等研究計画局、通称ARPAから資金提供《ていきょう》を受けて、視覚的《しかくてき》に操作《そうさ》できるグラフィカルコンピュータ『FLEX』の開発を進めているんだ。ケイ、君にぜひ手伝ってほしい」

「面白そうですね？　それは、どんなものなんですか」

ケイは興味津々《きょうみしんしん》で尋《たず》ねた。

「対話型の情報処理システムを目指しているんだ」

「対話型？」

サザーランドは、自信ありげにその概念《がいねん》を説明した。

「対話型のコンピュータには、まず、コンピュータに接続されたディスプレイが無くてはならない。なぜなら、コンピュータの状態を図で表示するためだ。これが、FLEXの基本となる。そして、個々のプログラムをアイコンとして表示し、これを、ペンとタブレットを使って処理することで、実行する。このシステムを動かすのに最も重要となるのが、オブジェクト指向のプログラミング言語だ」

「オブジェクト指向？」

「ああ。データと処理手順を『オブジェクト』というまとまりにして、様々なオブジェクトを組み合わせることでプログラムを構築《こうちく》していくんだ」

それを聞いたケイは、目を輝かせた。

「オブジェクト指向のプログラミング！　今、僕がやりたいと思っているのは、まさにそれなんです。命令を整理して格納《かくのう》し、必要な時に取り出して使えば、すごく軽くて簡単なシステムになる。将来、コンピュータには、誰でも使える、軽いシステムが必要だと思うんです。ＦＬＥＸ、ぜひ手伝わせてください」

ケイは、一も二もなく、この興味深いコンピュータ「ＦＬＥＸ」の開発助手としてプロジェクトに参加した。

次の年、ケイは空軍を除隊《じょたい》した。

翌１９６８年は、コンピュータの革新《かくしん》の年となった。

シリコン半導体《はんどうたい》の集積回路を作るメーカーが、スタンフォード大学の周辺に乱立《らんりつ》し始めている。７月には、「ムーアの法則」で知られるゴードン・ムーアと、ＩＣチップの生みの親であるロバート・ノイスが、集積回路でトップを走るフェアチャイルド・セミコンダクターを退社し、新しい会社、インテルを創業《そうぎょう》した。こうした出来事はケイに、半導体の競争がいよいよ激化し、集積回路が小型化して、精密《せいみつ》で、高性能になっていくことを予感させた。

「ようやく、コンピュータの新時代が来る」

この年、ARPAの学生たちの発表会で、ケイは開発中のFLEXを紹介した。それは、新たなコンピュータの形を提案するものだった。

「現在、コンピュータと言えば、それを収める大きな部屋、それに比例する莫大《ばくだい》な費用、そして、24時間コンピュータの動きを監視《かんし》する、専門のオペレーターを何人も必要としています。ですがこれからのコンピュータは、個人が自分専用のメディアとして使用するようになる。そういうパーソナル（＝個人的）な機械、『パーソナル・コンピュータ』となっていくと確信しています。FLEXは、いち早く、そのパーソナル・コンピュータになるでしょう」

現在、私たちが何げなく使っている「PC」や、「パソコン」という呼び名は、この時に、ケイが定義した「パーソナル・コンピュータ」から来ている。

しかしサザーランドは、ケイが考えるような、ごく個人的なマシンを想定していなかった。

「コンピュータを利用するのは、やはり企業が中心になるだろう。コンピュータが活躍《かつやく》する場は、経《けい》理《り》や商品などの管理、そしてこれからは、グラフィックでの処理だ。工業製品や建築物《けんちくぶつ》の図面を描いたり、三次元の仮想オブジェクトを描き出すことになる。それを操作するとなると、やはりある程度の専門知識が必要だ」

これに対して、ケイの意見は、まったく別だった。

「僕はここ2年間FLEXの開発に携《たずさ》わってきましたが、この難しい操作性には疑問《ぎもん》なんです。先日、MITで開発しているLOGOというプログラミング言語に出会いました。それは、子どもでも扱《あつか》える、紙とペンよりも便利な道具として、コンピュータをとらえていた。僕は、それに加えて、コンピュータには新しいメディアとしての可能性もあると思っています。だから最終的にコンピュータは、ノートくらいの大きさの、板のような形にしたい。それは、新聞くらい綺麗《きれい》に写真が映し出せて、音楽も楽しめて、操作も簡単。子どもたちはそれを使って、指で絵を描いたり、それを動かしたりして遊ぶこともできる」

それを聞いて、サザーランドは首をひねった。

「つまり、新聞やテレビのようなメディアで、同時に紙と鉛筆《えんぴつ》くらい気軽に使えるってことかい？音楽家の君らしい意見だとは思うけど、コンピュータはそれよりむしろ、人間の能力を拡張《かくちょう》するための機械だとぼくは考えているけどね」

「もちろん、その分野でも活躍《かつやく》すると思いますよ。だけど、去年のコンピュータに関する会議で、エンゲルバートがやったNLSの講演《こうえん》、あれを見て僕は確信しました。コンピュータは、相互《そうご》につながるようになる。そして、子どもたちは、友だちと話すようにコンピュータにプログラミングし、情報のネットワークからあふれるような知識を得る……そんな風になる、いや、していかなくては」

この時ケイが言った「エンゲルバートの講演」とは、ダグラス・エンゲルバートが1968年に行った、開発中のコンピュータ「NLS」についてのものである。

サンフランシスコで開かれた会議で行われたその講演で、ケイは３０００人の聴衆《ちょうしゅう》にまじって、新たな時代の到来《とうらい》を目の当たりにしたのである。

「これから、まったく新しいコンピュータ、NLSのシステムをご紹介いたします」

エンゲルバートはそう言って、大きなスクリーンの上半分にコンピュータの画面、下半分にエンゲルバートの手元を映し出した。このコンピュータには、ビットマップディスプレイが接続されており、エンゲルバートの右手には、四角い小さな箱のようなものが握《にぎ》られていた。

「これはマウス。真ん中に通常のキーボードをはさんで、左側、専用のキーセットの上には私の左手を置いて操作します」

そう言いながら、エンゲルバートがマウスを動かすと、コンピュータ上のカーソルがマウスに合わせて動いた。そのシステムを動かすために、いちいちプログラミングをする必要も、パンチカードを読み込ませる必要もなかった。そしてエンゲルバートは、50キロも離れた研究室と、コンピュータ上で通信をしてみせたのだ。

この新しいコンピュータのシステムに、会場に集まっていた誰もが度肝《どぎも》を抜《ぬ》かれた。

ケイは、これが実は複雑なシステムだと見抜いていた。実際、一人で操作するように見せてはいたが、その裏《うら》で、何十人ものスタッフが講演の手助けをしていた。

しかし、そのことを抜きにしても、この講演が歴史に残るものであることには変わりなかった。

「今後のコンピュータは、マウスとキーボードが標準《ひょうじゅん》になり、機器同士をつなげて情報をやりとりすることになるだろう」

ケイは、この時、確信した。


１９７０年になると、新たな法律により、国防総省が直接戦争に関係のない研究開発に支援《しえん》することが禁じられた。このため、多くの研究支援が打ち切られてしまった。サザーランドの研究もその一つだった。


「ＦＬＥＸの開発を続けていくのは難しくなってしまった」

開発室のスタッフを前に、サザーランドは残念そうに告《つ》げ、研究室は解散になった。

やがて、この開発室で学んだスタッフから、Ａｄｏｂｅ《アドビ》社を立ち上げ、フォトショップなどのアプリケーションを生み出す者が現れてくるのだが、それはまだ先の話だ。


この頃ケイは、複写機《ふくしゃき》（コピー機）のメーカーであるゼロックス社がコンピュータ開発のために新たに開設した、パロアルト研究所（通称ＰＡＲＣ）に引き抜かれ、移籍《いせき》した。

ケイは、パーソナル・コンピュータの概念《がいねん》を、柔軟《ダイナミック》で汎用性《はんようせい》の高い本《ブック》、「ダイナブック」と名付け、ＰＡＲＣの開発スタッフとともに、その実現に向けた開発を開始した。

「ダイナブックは、片手で持てて、一人で使えて、対話型のグラフィック・コンピュータなんだ。絵が簡単に描けて、音もいい。子どもたちがこのコンピュータを教科書の代わりに使用できるくらい、操作が直観的でなければならない」

ケイは、そんなコンピュータの想像図をノートに描いてみた。ケイにとって、絵で描いてみることは、具体的に考えるための、とても大切な作業だった。

こうして、パーソナル・コンピュータ「ＡＬＴＯ」は作られた。その噂《うわさ》を一人の人物が聞きつけた。

「ゼロックスで、ＡＬＴＯというコンピュータを作っているらしいぞ。僕らのＡｐｐｌｅⅡ《ツー》と競合《きょうごう》しそうなマシンなんだが、ノートくらいの大きさのディスプレイが装備《そうび》されていて、プログラミングはもちろん、絵も描けて、画面で表示されたままをプリントアウトできるらしい。敵情視察《てきじょうしさつ》に、ぜひ、見に行こう」

数年前にアップル・コンピュータを創業《そうぎょう》したスティーブ・ジョブズだった。彼は多くの見学者にまじってＰＡＲＣを訪れた。

「……」

ジョブズは、ＡＬＴＯを見ても特に何も言わなかったが、多くの見学者の中で、彼だけがＡＬＴＯの本当の価値に気がついていた。

ＡＬＴＯは、現代のパソコンに比べればとうてい使い物にならないマシンだ。しかし、それはただの技術の寄《よ》せ集《あつ》めではなく、人がどういう時、どんな風にコンピュータを使うかを考えて作られた、未来を見通したコンピュータのあり方だったのだ。

それは、当のゼロックスさえ気づいていなかった価値だった。やがて、ゼロックスの社長が代わると、多大な開発費を必要とするPARCは、会社のお荷物と目されるようになる。

「ケイ君、いつになったら、ALTOのようなお遊びではなく、企業に大量に買ってもらえる、実用的なコンピュータができるのかね」

新しい社長はせっついて言った。そんな時、ケイはこう答えた。

「いつになったらですって？　未来を予測する最良の方法は、それを発明してしまうことです。そして、我々《われわれ》はそれをやってる」


2022年。ケイは82歳になった。白くはなったが、ビートルズみたいに伸《の》ばした頭髪《とうはつ》と、口ひげは健在だ。

今は、長年携《たずさ》わってきた、子どもたちの教育にコンピュータを活用する活動に力を注いでいる。

コンピュータは、音楽と同様、子どもたちをわくわくさせるものなのだ。そのわくわくが、子どもたちの能力を引き出す原動力となる。

だが、ケイは今のコンピュータのあり方に満足してはいない。

ケイが提唱《ていしょう》した「ダイナブック」の構想《こうそう》は、パソコンやタブレットPCの普及《ふきゅう》で、すっかり実現されたように思えるが、彼はこう言う。

「現代のコンピュータの使い方は、古いメディアの再現をしているだけだ。テレビの再現、新聞の再現、書物の再現……。そうではなく、完全に新しいメディアとしての使い方を発明しなくてはならない。コンピュータが真価を発揮《はっき》するのは、それからじゃないかな」

科学の
先駆者たち

知恵の実で、世界を変える！

スティーブ・ジョブズ

1984年、1月24日。カリフォルニア州クパティーノにある州立コミュニティ・カレッジの講堂では、アップル・コンピュータの株主総会が開かれていた。2400人が収容できる会場には、ジャーナリストとファンが詰《つ》めかけ、熱気にあふれている。

ジョン・スカリーCEOの堅苦《かたくる》しい挨拶《あいさつ》が終わり、盛大《せいだい》な拍手《はくしゅ》に迎《むか》えられて一人の男がステージに現れた。彼こそがアップル・コンピュータの創業者《そうぎょうしゃ》、スティーブ・ジョブズだ。

黒のスーツと若緑色の蝶《ちょう》ネクタイで現れたジョブズは、29歳の若き起業家にしては、不遜《ふそん》なほど自信に満ちあふれて見えた。

自宅のガレージでアップル・コンピュータを設立してから、たった8年しか経っていない。にもかかわらず、今やアップル・コンピュータは大企業の一つとなり、ジョブズは巨万《きょまん》の富《とみ》を手にしている。

だが、この8年間、ジョブズを駆《か》り立《た》ててきたものは、お金ではなかった。

それは、〝めちゃくちゃすごい〟ワクワクなのだ。

なぜなら、ジョブズには、コンピュータ科学の偉大《いだい》な先人たちでさえ誰も想像がつかなかった、コンピュータが生み出す未来の姿《すがた》が見えていたからだ。

ジョブズは、「めちゃくちゃワクワク」しながら、その未来のビジョンを、どうすれば自分たちで作り出せるのか、何が必要で、何が足りないのか、何が不必要なのか、それらを考え続け、実践《じっせん》し続けてきたのだ。

しかし、その頃のアップル・コンピュータは、業績《ぎょうせき》が振《ふ》るっていなかった。

自分は未来を見ているけれど、世間の人々はだいたい「今」か、せいぜい再来年あたりを見て、いろいろなことを決めてしまうのだ。

——宇宙ロケットの発射みたいに、ちょっとでも角度を間違えば、あっという間に墜落《ついらく》してしまうかもしれない。

熱狂《ねっきょう》する聴衆《ちょうしゅう》を前にジョブズは、アップル・コンピュータを立て直さなくてはならない、という責任感と同時に、コンピュータが作り出す世界の革新《かくしん》を、ここで失ってはならない、という強烈《きょうれつ》な思いで、緊張《きんちょう》とも、歓喜《かんき》ともわからない、魂《たましい》の震《ふる》えを感じていた。

——正しい角度で発射さえできれば、ロケットは大気圏《たいきけん》を飛び出して、未知の宇宙へと旅立つことができる！　宇宙に衝撃《しょうげき》を与《あた》える!!　誰も知らない新しい世界が生まれようとしているんだ。そして、それを誰よりも早く実現するのは、僕なのだ。

ジョブズは覚悟《かくご》を決めると、呼吸を整え、聴衆《ちょうしゅう》に向けて話し出した。

「１９５８年、ＩＢＭは、新しい技術を開発した小さな会社を買収するチャンスを逃《のが》しました。２年後にその小さな会社はゼロックスとなり、それ以来ずっとＩＢＭは悔《く》いています。その10年後の60年代後半、デックや、そのほかの会社がミニ・コンピュータを開発しましたが、ＩＢＭは、とるに足らないと、相手にしなかった。その後、デックは数億ドルを稼《かせ》ぎ出しました。さらに10年後。１９７７年、西海岸の若く未熟《みじゅく》な会社、アップル・コンピュータ社は、世界初となるパーソナル・コンピュータ、『ＡｐｐｌｅⅡ』を発売した。しかし、ＩＢＭは、パーソナル・コンピュータなど使い物にならないと、見向きもしなかった」

ジョブズがそう言うと、会場から笑いが起きる。ジョブズは一瞬《いっしゅん》にやりとし、話を続けた。

「１９８１年、『ＡｐｐｌｅⅡ』は世界で最も人気のコンピュータになり、アップル・コンピュータは３億ドルの企業として、史上に残る急成長を遂《と》げました」

それからジョブズは、真剣《しんけん》な表情で、現在の最大のライバル会社・ＩＢＭについて話し始めた。

「パソコンの市場に遅《おく》れて参入したＩＢＭは、我々のアップル・コンピュータとしのぎを削《けず》り、その結果、パソコン市場は嵐《あらし》に見舞《みま》われた。最初のコンピュータ会社は倒産《とうさん》し、小さなコンピュータ会社は存続不能の危機《きき》に陥《おちい》っている。ＩＢＭは、パソコン業界の何もかもを手に入れようとしています。しかし、最初は両手を広げてＩＢＭを歓迎《かんげい》していた販売店も、ＩＢＭに商品も価格も何もかも支配される未来を恐《おそ》れて、自由なアップル・コンピュータに期待を寄《よ》せている」

聴衆は、ジョブズの話に、うんうんとうなずきながら聞き入っている。

「そして今、ＩＢＭは最後の障害となっている、アップル・コンピュータに銃口《じゅうこう》を定めたのです。さぁ未来は、ジョージ・オーウェルが、その小説『１９８４年』で描いたように、巨大《きょだい》な勢力がコンピュータ、そして情報化社会全体を支配する、恐《おそ》ろしい世界がやって来るのでしょうか？」

ジョブズが言い終わるか否《いな》かというタイミングで、ステージが暗くなり、スティーブの背後《はいご》に張られた大きなスクリーンに、アップル・コンピュータの新商品、「Ｍａｃｉｎｔｏｓｈ《マッキントッシュ》」のコマーシャルが映し出された。

そのコマーシャルは、小説『１９８４年』を彷彿《ほうふつ》とさせるもので、暗い灰色の未来都市から始まる。１９８４年とされるその都市を、グレーの囚人服《しゅうじんふく》の民衆が感情もなく列になって行進し、その先では、巨大なスクリーンに映し出された権力者の顔が、大声で演説し、人々を洗脳《せんのう》している。

「思想の統一《とういつ》こそが、世界で最も強力な武器になるのだ！　敵《てき》は最後まで議論を仕掛《しか》けてくるだろうが、最後に勝利するのは、我々である！」

そこに、白いタンクトップと鮮《あざ》やかな赤いランニングパンツを身につけた女性が全力疾走《ぜんりょくしっそう》で駆《か》け込《こ》むと、大きなハンマーをぐるんぐるんと振《ふ》りまわし、その大きな顔のスクリーンに向かって投げつけた。スクリーンは爆発《ばくはつ》し、無表情だった民衆がその衝撃《しょうげき》で、次々と精気《せいき》を取《と》り戻《もど》していく様子が描かれる。

そして画面が暗転し、虹色《にじいろ》のアップルマークが映し出されると、こんなナレーションが流れた。

「１月24日、アップル・コンピュータは、Ｍａｃｉｎｔｏｓｈを発売します。これであなたは、なぜ１９８４年が、小説『１９８４年』のようにならないか、お分かりになりましたね」

再びステージが明るくなり、ジョブズにライトが当てられると、会場はロックのライブ会場さながらに歓声《かんせい》が響《ひび》き、壇上のジョブズに拍手喝采《はくしゅかっさい》が贈られた。

ようやく拍手がおさまって、ジョブズは再び話し出した。

「今、我々には、革新的《かくしんてき》なコンピュータが必要です。それは『マッキントッシュ』に他なりません」

サンフランシスコからサンノゼにかけて続く、全長70キロ程のサンタクララバレーは、長らく果樹園が広がる美しい田園地帯《でんえんちたい》だった。

ジョブズは、この一帯が、シリコンバレーという、世界有数のエレクトロニクスの街に変貌《へんぼう》をとげようとする時代に生を受け、ここで育った。

生まれてすぐに養子に出されたが、養父母は愛情深い人たちで、彼は人一倍大切に育てられた。飛び級するほど賢く、弁が立ち、物おじしない子どもだったが、学校というシステムには、どうしてもなじめなかった。そのため大学は1学期で、両親に内緒《ないしょ》でやめてしまった。

とはいえ、中退した後もキャンパスをぶらぶらしており、好きな授業に、勝手に潜《もぐ》り込《こ》んだ。特に、ペンで美しい文字を描く、カリグラフィの授業は真剣《しんけん》に受けていた。

「美しいものにこそ、真実がある」

ジョブズは、芸術家ではなかったが、美しいものへのこだわりが強かった。特に車や家具、日用品は美しくなければならない、そういった身の回りの美しいものこそ、人生を豊かに、意味のあるものにしてくれると信じていた。

学位に未練はなく、2年通って、学校には興味を失った。

それが1974年、ジョブズが19歳のことだった。

1975年、人気ゲームを開発しているアタリ社の社内には、何とも言えない悪臭《あくしゅう》が漂《ただよ》っていた。

「おい、なんだよ、この臭《にお》い。全然集中できやしない」

プログラマーの一人が、臭いに耐《た》えかねて言った。

「臭《くさ》いね、これはひどい」

「何なの、この臭い……」

「おい、見ろ。あれだ。ジョブズがインドから帰ってきた」

臭いをたどった先にいたのは、ジョブズだった。

Tシャツとジーンズ、その上にインドの僧侶《そうりょ》が身にまとう袈裟《けさ》を巻きつけて、はだしである。

「スティーブ……。ここ辞《や》めたんじゃなかったのか。お前の身体、ひどい臭《にお》いだぞ。なんとかしてくれ」

「におい？　そんなはずないな、僕は果物しか食べないんだ。だから体臭《たいしゅう》はしない」

「何言ってるんだよ、むちゃくちゃ臭いよ。お前、最後にシャワー浴《あ》びたのはいつだ？」

「そうだな……ひと月くらい前。でも、僕は菜食主義だ。極《きわ》めて清潔《せいけつ》さ」

ジョブズは根拠《こんきょ》のないことを、いけしゃあしゃあと答えた。

同僚《どうりょう》は、ジョブズには何を言っても無駄だと、あきらめるしかなかった。

「ヒッピーだか何だか知らないけど、周りに迷惑《めいわく》かけるのはやめろよ……」

そう言われて、ジョブズは憤慨《ふんがい》した。

「僕は、見せかけだけのヒッピーじゃない。インドに行って、精神《せいしん》を研《と》ぎ澄《す》ます修行をしてきた。君たちみたいな役立たずの社員とは違うんだ」

「また始まった」

「まいったな……」

ジョブズの態度《たいど》と体臭《たいしゅう》はひどいものがあったが、仕事は優秀で、社長のブッシュネルは、ジョブズを気に入っていた。

「あいつは、きっといつか何か大きなことをやるやつだ」

ジョブズは、この人気のあるゲーム会社に、ほとんど自分を押し売りに近い形で売り込んだ。

「雇《やと》ってくれるまで帰りません。僕を雇えば、アタリは、ぜったい儲《もう》かるんですから」

そう言って押し通すジョブズを、ブッシュネルは、面白い人物だと思ったのだ。

アタリ社自体、常識《じょうしき》にとらわれないことを大切にしている会社だったから、相性がよかった。

だから、ジョブズが大した仕事もしないうちに、「インドへ行くので辞《や》めます」とあっさり言った時にも、それなら最後の仕事だと言って、ブッシュネルは旅費の一部を出してやった。

「ドイツの顧客《こきゃく》からクレームがあって、ゲームのバグを現地まで直しに行かなくちゃならない。スティーブ、インドへ行く前に、寄《よ》ってくれないか。ドイツまでの旅費は会社が出すし、仕事が終わったら、好きにしていい。ドイツからインドに行けば、アメリカから行くより安く済《す》むぞ。面倒《めんどう》な仕事だが、頼むよ」

もちろんジョブズはその話を喜んで受け入れた。

——ドイツでさっさと仕事を片付けたら、インドへ行って、本で読んだインドの聖人《せいじん》に、僕の人生について、進言してもらおう。

残念ながら、その聖人はジョブズが訪ねていく少し前に亡《な》くなっていた。

その上、赤痢《せきり》にかかって寝込《ねこ》み、インドの田舎《いなか》で7ヵ月を過ごすはめになった。この時、ジョブズは、人間として根源的《こんげんてき》で素朴《そぼく》な生き方を目の当たりにする。自然と一体となり、生と死を受け入れた生活。それは美しさも、醜《みにく》さも、混然一体《こんぜんいったい》となった、ありのままの暮らしだった。

ジョブズは療養中《りょうようちゅう》、気に入った場所で、見よう見まねの瞑想《めいそう》をした。

心を静めて物事を観察すると、いろいろなことが、シンプルに見える気がした。

ジョブズは、養子の自分には何かが欠けている、と感じることもあれば、普通より能力の優《すぐ》れた特別な人間だ、と思うこともあった。

その二つの感情は、複雑に絡《から》み合《あ》って、ジョブズをいつも、そわそわと不安にさせた。

——自分は何者なのだ？　ここにいることが、正解なのか？

でも、直観にしたがえば、それらは本質とは関係がないことがわかった。

——今自分は、何をやるのか。それが命の本質じゃないか。

頭で考えていては、物事は複雑に思えるばかりだ。これからはもっと直観を信じよう。

ブッシュネルは、ジョブズが戻《もど》ったと聞くと、すぐに社長室に来るように言った。

「また、働かせてください」

ペタペタとはだしで社長室に入っていきながら、ジョブズは言った。

ブッシュネルは、自社製品のゲーム「ポン」をいじりながら、ジョブズのほうを見た。

「ポン」とは、二人でボールを打ち合うピンポン（卓球《たっきゅう》）のようなテレビゲームだ。名前もピンポンの「ポン」から来ている。

「またうちで働いてもらうのは歓迎《かんげい》だ。でも、はだしは困《こま》るよ」

ブッシュネルが言った。

「インドでは、皆、はだしです」

「あと、その体臭《たいしゅう》をどうにかしてくれ」

「……分かりました」

ジョブズはしぶしぶうなずいた。

「ところで、うちの人気ゲーム『ポン』だが、ゲームセンターじゃ、そろそろ飽《あ》きられる頃だろ？だからあれを、もっと面白くしたいんだ。人手が無くて困《こま》ってたんだが、ちょうどいい、お前にやってもらおう」

「『ポン』をもっと面白く？」

ブッシュネルは、黒板に絵を描きながら、今考えているアイデアを説明した。

「こんな風に一人用にして、ボールでブロックを壊《こわ》していくゲームにしたい」

「なるほど」

「それと、コストの関係で、『ポン』で使っているチップの数を減らしたい。今の２００個から、50個か、それ以下にしたいんだ。できるか？」

「いきなり、50個ですか。厳《きび》しいですね……」

ジョブズは指を唇《くちびる》にあてて、しばらく考えている。ブッシュネルはもう一押しした。

「完成したら、報酬《ほうしゅう》をはずむ。チップが減らせたら、その分だけボーナスを出すぞ」

「やってみます」

ジョブズは即答《そくとう》した。もとからボーナスが狙《ねら》いだ。

ブッシュネルは、やられた、というように、肩《かた》をすくめてみせてから言った。

「期限は1週間だ」

「え？」

今度はジョブズがしてやられる番だった。

今週は週末に予定が入っているから、ゲーム製作に費やせるのは、たった４日しかない。1週間でも短いのに、４日間で新しいゲームを作るなんて、できるはずがなかった。

——なるほど、ブッシュネルめ。暗に、あいつに頼《たの》めということだな。報酬の取り分は減るけど、頼んでみるか。あいつと何かを作るのは、面白いしな。

ジョブズには、エレクトロニクスにおいては、とうてい勝てない親友がいた。

スティーブ・ウォズニアック。

自分と同じ名前の彼を、ジョブズはウォズと呼《よ》んでいる。『オズの魔法使い』にかけて、「ウォズ」だ。彼は本当に、魔法のようにエレクトロニクスを使いこなすのだ。

4歳年上のウォズは、カリフォルニア大学バークレー校を休学し、コンピュータと電子計測機器《でんしけいそくきき》の会社、ヒューレット・パッカードで働いていた。

ウォズは仕事と会社をすごく気に入っていて、ほとんどずっと会社で回路図を書いているか、プログラムを書いている。今も会社にいるはずだ。ジョブズは、新しいゲームの構成をざっと考えて整理すると、急いでウォズに電話をかけた。

「やぁ、スティーブ!」

電話に出たウォズは、ひさしぶりのジョブズからの電話に、嬉《うれ》しそうに答えた。

「いつインドから帰ってきたんだい?」

ジョブズはウォズが言い終わらないうちに、本題を切り出す。

「ウォズ、大至急《だいしきゅう》手伝ってほしいんだ。4日で新しいゲームを作らなくちゃならない」

「また急な話だね」

「うちの会社の『ポン』知ってるだろ? ボウリング場で君が気に入ってたゲーム機」

「あぁ、あれすごく面白いよね。あの後、自分で作って遊んでる。で、新しいゲームって?」

ジョブズがブッシュネルから聞いた新しいゲームの構想《こうそう》を話すと、ウォズは興奮気味《こうふんぎみ》になった。

「なにそれ！　すごく面白そうじゃないか。今からそっちに行く」

「助かるよ」

言葉どおり、すぐにアタリ社にやってきたウォズは、腕《うで》まくりして、ジョブズの隣に陣取《じんど》った。

「腕が鳴るね！　二人で皆がびっくりするゲームを作ろうよ」

ウォズは、まず「ポン」の技術仕様書を読みふけり、「理解した」と言うと、紙の上に設計図を書き出した。

二人は4日間、まったく寝《ね》なかった。

ウォズは、アタリ社で徹夜《てつや》で作業をし、朝には、それまでに書き上げた設計図をジョブズに渡して、ヒューレット・パッカード社に出社した。その間にジョブズが、設計図通りチップを取り付ける。夕方、ウォズが再びアタリ社に戻《もど》ってきて、作業の続きに取りかかる。

そんな4日間だった。

この頃のゲーム機は、入力された反応を、たくさんのチップで制御《せいぎょ》していた。プログラムはなく、全部ハードウェアで制御を行うのだ。

そのために、１台のゲーム機では、１つのゲームしかできないし、複雑なゲームでチップをたくさん使えば、１台の値段はどんどん高くなった。

ウォズは、極《きわ》めて少ないチップ数で性能の高いものを作るのが得意だった。チップが少ないと、製作の難易度《なんいど》は上がるが、正解が出せれば、機械は思い通りに動いてくれる。

それが面白くてしかたがない。

4日目の夜、ジョブズが完成したゲームを見せると、ブッシュネルは腰《こし》を抜《ぬ》かして、椅子《いす》から立ち上がれなかった。

「こいつは驚《おどろ》いたな……Ⅰ週間どころか、4日で仕上げるとは思わなかったよ」

チップの数も45個と、ブッシュネルの要求した数より、5個も少ない。

今までなかったスコア表示の機能まで追加され、ゲーム自体の面白さも増している。

——やはり、彼……いや、彼らは、すごい奴らだ。

ジョブズ一人でも、ウォズ一人でも、決してできないことだっただろう。

新しいゲーム「ブレークアウト（日本名ブロック崩《くず》し）」は、「ポン」以上の人気ゲームとなり、世界中のゲーム・クリエイターに刺激《しげき》を与《あた》えることになった。

その後Ⅰ978年には、これに触発《しょくはつ》された日本人クリエイターが、「スペースインベーダー」を開発し、アタリ社に大打撃《だいだげき》を与えることになるが、それはまた別のお話だ。

「スティーブ、今度、一緒にホームブリューコンピュータクラブに行かない？」

ウォズからそんな誘《さそ》いがあったのは、Ⅰ975年のことだった。

「ホームブリューコンピュータクラブ？　面白そうだね」

夜遅《よるおそ》かったが、ウォズが会社まで来てくれと言うので、ジョブズはヒューレットパッカード社へ向かった。

「勝手知ったる、他人の会社、っと」

ジョブズは、以前この会社でインターンをしていたので、ここには何度も来ていた。ウォズの他にも、知り合いの研究者がたくさんいる。

「やぁ、ウォズ」

ジョブズが声をかけると、ウォズは回路図から顔をあげて、にやっと笑い、ウインクを返した。

ウォズが、何か企《たくら》んでいる時の顔だ。

来たね、と言うと、ウォズは、手作りのチラシをジョブズに手渡した。

「3人のコンピュータマニアが作った、マニアたちのための会合なんだ」

「へぇ、ピープルズ・コンピュータ・カンパニーの発行人もいるんだ。コンピュータ関連のニュースレターを出してるよね」

「うん。最初のニュースレターは、こうさ。『現在、コンピュータは人々のためにではなく、人々の管理に使われ、人々を自由にするのではなく、支配するために使われている。今こそピープルズ・コンピュータ・カンパニーが必要だ』……って」

「クール！　僕らの考えと一緒だね。コンピュータは、世界を違った形に変えることができる。けど、今のままじゃだめさ」

「それで、この会合では、自分のためのコンピュータを作ることを目指してる。最初の会合の趣旨《しゅし》は、マイクロプロセッサー・チップについて、情報を交換《こうかん》することだった。3月に、創設者の家のガレージで第1回の会合があったんだけど、30人も集まって大盛況《だいせいきょう》だったよ。みんな新しいマイクロプロセッサー・チップについて、すごく詳《くわ》しいんだ。ほら、インテルが出してるやつだ、８００８とか、８０８０とか」

「知ってるよ。かなり高いし、企業向けしか販売がない」

「詳しいね。僕、実は、あの時はマイクロプロセッサー・チップに興味がなかったから、あまりよく知らなかった。最近、関数計算用の計算機に夢中だったから。で、隣《となり》の人が持ってた『ポピュラー・エレクトロニクス』誌を見せてもらったんだ。ミニ・コンピュータを特集してる号だ。ものすごくアルテア８８００を推《お》してたよ」

「アルテア８８００の特集をしてたのか？　その号、まだ読んでないんだ」

ジョブズは目を輝《かがや》かせた。

「最近出回りはじめたミニ・コンピュータって、いろんな会社がキットを出してるけど、アルテア８８００が一番人気があるんだろ」

「うん。でも、インテルの出した最新のマイクロプロセッサー・チップ８０８０を使ってて、値段が高い。本体だけなら、まぁまぁってところだけど、キーボードをつなげたり、テレタイプ（プリンターのようなもの）を追加したら数千ドルだ。初期設定のメモリが少ないし、まともに動かすために、マイクロプロセッサーをもっと上のグレードに変えたりすると、車が買えるくらいの価格になるだろうね」

ジョブズはそれを聞くとがっかりして、肩《かた》をすくめた。

「それでできることが、簡単なゲームと、ちょっと難しい計算くらいじゃ、話にならないじゃないか」

「でも、ミニ・コンピュータの現状が分かったのは、すごくいいことさ。そして、一番の収穫《しゅうかく》は、インテルの会社が作ったマイクロプロセッサー・チップの技術仕様書が手に入ったことなんだ。インテルのマイクロプロセッサー・チップ８００８を複製《ふくせい》したチップで、ほとんど同じだ。僕は、その技術仕様書を見て、まじかよって思った」

ジョブズが、「何が？」と続きをうながすと、ウォズはにやりと笑って言った。

「覚えてる？　僕が作ってたクリームソーダ・コンピュータ」

ウォズは、古い友人を思い出すかのように、懐かしそうに目を細めた。ジョブズも、もちろん覚えている。それがきっかけで、ジョブズとウォズは友だちになったのだ。ジョブズは答えた。

「ああ、ビル・フェルナンデスと作ってたやつだろ。あいつに、天才と組んでミニ・コンピュータ作ってるから見に来いって言われて、興味津々《きょうみしんしん》であいつんちに行ったんだ。ビルに、そいつは小さい時からいろんな賞《しょう》をとってて、ＩＱも２００あるって聞いてたから、どんなガリ勉かと思ったら、ヒッピーみたいなやつがガレージでクリームソーダ飲んでた。それで、こいつ、クールだって思ったよ」

「そうそう、いつもビルとクリームソーダ買ってきて飲んでた。だから、クリームソーダ・コンピユータって呼《よ》んでたんだ。ビルは、僕に『すごい奴がいるから、そいつに完成したコンピュータを見せてやりたい』って言って、君をつれてきたんだ。僕は初対面とか超苦手だから、ほんとは緊張《きんちょう》してた」

「でも、僕ら、あっというまに意気投合した。お互《たが》いいたずらの天才で、エレクトロニクス好きとくればね」

「僕が回路の設計の話をしたら、君はすぐ理解してくれて、すごくうれしかったよ」

「こっちもさ」

ジョブズとウォズは、顔を見合わせて笑った。

「で、本題に戻《もど》るけど……実は、今回もらったカナダ製のマイクロプロセッサー・チップの仕様書を読んで、すぐわかったんだ。あのときの僕が作ったクリームソーダ・コンピュータの設計と、まるで同じものだって！」

「ど、どういうことだよ？」

「違う点といったら、僕のコンピュータは、アタリのゲーム機みたいに、複数のハードウェアで処理をするようになっていたことさ。つまり、マイクロプロセッサーってのは、一つのチップで、複数のハードウェアと同じことを実現するものだったんだ」

「なるほどね！」

「原理はまるっきり一緒だから、一瞬《いっしゅん》にして、僕はマイクロプロセッサーのすべてを理解できた」

ウォズが、手品の種明かしをするみたいに、両手をひろげてみせた瞬間《しゅんかん》、ジョブズは、頭の中でカチリと何かが音を立てたような気がした。

「ウォズ、すごいぜ。君は、５年も前にアルテア並みのコンピュータを完成させていたんだ」

ウォズは自信たっぷりにうなずいた。

落ち着かなくなったジョブズは、両手の指の先をちょんちょんと合わせながら、ウォズの作業場を歩き回った。

「でも、クリームソーダ・コンピュータに、僕たちはあっという間に飽《あ》きちゃったよな……。アルテア８８００を手に入れたやつらも、きっとそうなる。あの程度の性能じゃ、日常生活で使うには全然たりないんだ。大金をつぎ込んだ結果、『それで？』ってなるだけさ」

ウォズは、ジョブズの言葉に同意した。

「うん、アルテアは大したことができないし、クリームソーダ・コンピュータもそうだった。それに、あいつらの顔（フロントパネル）ときたら、点滅《てんめつ》するライトと、スイッチしかない。コンピュータが何をやっているのか、ひたすらライトの点滅を眺《なが》めていなくちゃならない」

「やっぱり、今のままでは、僕らを自由にしてくれるコンピュータではないね」

そう言うジョブズにウォズは、得意のいたずらを考え出した時の顔をして、言った。

「スティーブ、僕の話、聞いてなかった？　僕は設計図を見て、マイクロプロセッサー・チップを完全に理解したって言ったじゃないか」

「え?」

「実は、すごく安く、同じ性能のコンピュータが作れる。いや、もっと面白いものができる」

そう言ってからウォズは、すこし間をおいて言った。

「いや、実は、もっともっと面白いものを、もう作っちゃったんだ」


ジョブズは、ウォズと共に、ウォズの作った〝もっと面白い〟コンピュータを抱《かか》えて、ホームブリュー・コンピュータ・クラブに乗り込んだ。

会合は回を重ねるごとに、会場が大きくなり、今ではスタンフォード線形加速器センター(SLAC)の講堂《こうどう》に移っていた。参加者もどんどん増えている。

壇上《だんじょう》では、メンバーの一人がマイクを使って、自作したコンピュータを発表している。

「使用しているマイクロプロセッサー・チップはモトローラが開発した……」

何人かは、自分の席の前のテーブルに自作のコンピュータを置き、集まってきた人に説明しながら動かしてみせている。

ジョブズとウォズも、持ってきたコンピュータを、目の前のテーブルに並べた。

「こんな隅《すみ》っこでデモンストレーションして、皆にアピールできるかな?」

スティーブは不満だったが、ウォズは大丈夫《だいじょうぶ》と言った。

「僕はあそこの壇上《だんじょう》で発表するなんて無理だ……。デモをしていれば、ぜったい誰かが質問しに来る。そしたら、聞かれたことを話せばいい」

「……わかった」

スティーブは、もったいない気がしたが、今日のところは見ていることにした。

すると、すぐに興味を持った数人が集まってきた。

このコンピュータは、明らかに他のコンピュータとは違っていた。コンピュータの上に、ぴょこんとモニターが載《の》っていたからだ。モニターなんて、そう簡単につなげられるものではない。

二人が電源コードをひっぱってきて、コンピュータのコンセントを差し込み、電源を入れると同時にモニターが立ち上がる。それを見て、誰もが驚《おどろ》いた。

「すごいな」

「こんなの見たことがないぞ」

その声を聞いて、また何人かが集まってくる。

そして、次に画期的《かっきてき》だったのは、最初からキーボードが接続され、入力できることだった。

ウォズは、コンピュータが立ち上がると、すぐにキーボードをたたき、結果をモニターに表示してみせた。

「なんだこれ、すごいな」

二人のコンピュータの周りに、さらに人が集まってくる。

「これは、ＲＯＭ（電源を落としても情報を記憶《きおく》しておけるメモリ）にプログラムが入れてあるんだ。だから、コンピュータを立ち上げてすぐ、作業が始められるよ」

ウォズは集まってきた人たちに、コンピュータの説明をした。

これまで、一般的《いっぱんてき》なミニ・コンピュータは、コンピュータの電源を入れてから、プログラムをロードするのに30分もかかった。だが、このウォズのコンピュータは、モニターに映しだせば、ものの一秒で作業が始められるのだ。

これは、フロントパネル方式が当たり前だと考えていたマニアたちにとって、驚異的《きょういてき》な発想の転換《てんかん》だった。

「これ、どういう設計なんだ?」

「いくらくらいでできるんだ?」

このコンピュータは、すぐに話題になった。


数週間後、ジョブズがウォズのアパートを訪ねた。

ウォズのせせこましい部屋には、部屋のほとんどを占領《せんりょう》している大きなデスクの他には、よれたソファベッドがあるだけだ。部屋中、コンピュータを作る材料が山積みになっていて、ウォズはその真ん中で電子部品に埋《う》もれていた。

「ウォズ、この部屋、電子部品以外に何もないな」

「どうせ寝《ね》るだけさ。冷蔵庫と電子レンジがあれば、十分だよ」

ウォズは、ハンダゴテを手に、コンピュータを組み立てている。

「それは？」

「友だちにあげるコンピュータ。ホームブリューで知り合ったんだ。彼、仕事があるし、子どももいて、自分の時間が全然ないんだって。だから作れないって、残念そうにしてた。それで、作ってあげる約束をしたんだ」

「いくらで？」

ジョブズはすぐに聞いた。

「お金は、足りない部品代だけもらうつもりさ」

ウォズは、皆に面白いものを共有してほしいだけなのだ。

しかし、ジョブズは違った。コンピュータを、もっともっと進化させていかなくてはならない。そのためには、無償《むしょう》の労働は決して、いいことではない。

「それはよくないよ」

「なんでさ？」

「この前、ホームブリューに届《とど》いた手紙、知ってるだろう？　アルテア用のプログラミング言語のインタープリターを作ったビル・ゲイツと、ポール・アレンってやつの訴《うった》えさ」

「ああ、自分たちの作ったものをタダでコピーするのはやめてほしいってやつ？　なら、ホームブリューをやめればいいじゃないか。あそこは情報を共有するための場所なんだから」

ウォズはきょとんとして、ジョブズを見た。

「いいや、僕はゲイツの意見に賛成《さんせい》だ。専門的な仕事を無償《むしょう》でできる人間は、君くらいさ。僕や、他の人たちは、必死で開発したものがお金にならなかったら、それ以上、開発を続けられない。他の仕事をしなくちゃ。そうなれば、たくさんの優《すぐ》れたアイデアが、この世から消えてしまうんだ」

「……そうかもね」

ウォズは、ハンダを持つ手をとめて、しょんぼりと作りかけの基盤《きばん》を見つめた。ジョブズの意見が正しいことは、よく理解できた。彼はウォズが楽しみを追求して作ったものを、より大きく成長させようとしてくれているのだ。

ジョブズは、いつだってウォズが作ったものに、プラスアルファする。

「ポン」を自作していたウォズが「ブレークアウト」を完成できたのも、ジョブズがいたからだったし、学生時代に「ブルーボックス」という、長距離電話《ちょうきょりでんわ》を無料にできる違法《いほう》な機械を遊びで作ったときも、ジョブズが大金に変えてくれた。

そのほかにも、ジョブズは、ウォズに、いろいろなアイデアの種をくれるのだ。あれをつけたらどうだ、これをこうしたら面白い、という具合に。

新しい使い方、新しいいたずら、新しい売り方。

ウォズの発明は、いつもすごいものだったけれど、そこにジョブズという、めちゃくちゃすごい部品を取り付ければ、大爆発《だいばくはつ》になる。

「だからウォズ、たくさん作って、これを売る。お金に変えるんだ。そのお金をもとに、もっともっとすごいものを作らないか？　僕と一緒に会社を作ってさ！」

ウォズはあっけにとられていたが、しばらくしてから言った。

「それ、いいかも」

この瞬間、コンピュータは、給料や弾道《だんどう》の計算から解き放たれ、自由でクリエイティブなマシンへの第一歩を踏《ふ》み出《だ》した。


ジョブズとウォズは、会社設立のため、念入《ねんい》りに準備した。

計画はジョブズが立て、二人の宝物だった車や電卓《でんたく》を売って資金を作った。50枚の基板《きばん》を作って、40ドルで売れれば、製作費《せいさくひ》と材料代をさっぴいても、７００ドルくらいは利益《りえき》になるはずだった。

それから二人は、会社の名前を考えた。

「どんな名前がいいかな？　ジョブズアンドウォズ」

ウォズが言うと、ジョブズはすぐさまダメ出しした。

「かなり古臭《ふるくさ》いよ。もっと軽やかで、哲学的《てつがくてき》で、楽しくなくちゃ」

「バタフライ・コンピュータは？」

「冴《さ》えないなぁ」

「ドラゴンフライ・コンピュータ。かっこいいだろ？」

「フライ、フライって、フライドチキン・コンピュータみたいじゃないか」

「そんな風に言うなら、バーガー・コンピュータでいいよ、もう」

「それ、君が今食べたいものじゃないか……。もっとまじめにやって！」

「そんなこと言われてもなぁ……」

「アップルはどうかな」

ジョブズが言った。

「アップルか、悪くない。軽やかで、哲学的だ」

「うん。とりあえず、明日の昼までに別の名前が思《おも》い浮《う》かばなかったら、アップル・コンピュータでいこう」

結局、会社の名前は、アップル・コンピュータに決まった。

ウォズのコンピュータも、「ＡｐｐｌｅＩ《ワン》」と命名されることになった。


二人は、再びホームブリューへ、ＡｐｐｌｅＩと共に乗り込んだ。

尻込《しりご》みするウォズを説得して、今度は、壇上《だんじょう》で大々的に発表した。

マシンの基本構造《きほんこうぞう》についてはウォズが、製品の価格や価値についてはジョブズが語った。

「僕らはアップル・コンピュータ社です。まったくあたらしいコンピュータを製作、販売しています。購入希望の方は、アップル・コンピュータまで、ぜひご連絡ください！」

聴衆《ちょうしゅう》の反応はいまいちだったが、後日、電子機器を販売《はんばい》するショップが50台購入《こうにゅう》してくれることになった。これは二人にとって大きな成功だった。

しかし、納期を考えると、人手も足りないし、50台分の部品代も足りなかった。

社会的な信用だってゼロだ。それどころか、はだしにボロボロのジーンズ姿《すがた》のジョブズの信用はむしろマイナスで、資金や部品を調達するのは、とても不可能に思えた。

こんな状況を、ウォズは「だめでもともと」くらいに考えていたが、ジョブズはあきらめるつもりはなかった。

──必ず、なんとかしてみせる！

資金を貸してほしいと、友だちから銀行まで、思いつく先は、すべてあたった。

部品を売ってくれるメーカーを何軒もめぐり、何度も断られた。

製作を手伝ってもらうため、友だちや、知り合いのエンジニアに、何人も電話をかけてまわった。

数週間の努力の末に、ジョブズは、部品と、人手と、資金のすべてを揃《そろ》えることに成功した。

それを聞いたウォズは、唖然《あぜん》とした。

「君は本当に、すごい奴だよ」

こうして、アップル・コンピュータは誕生《たんじょう》した。

ジョブズも、ウォズも、それが世界をひっくり返すようなすごいことだと、分かっていた。

１９７７年、アップル・コンピュータは、インテル出身のマイク・マークラという投資家を社長に迎《むか》えて、法人化する。

彼らは、ＡｐｐｌｅⅠに続いて、ＡｐｐｌｅⅡを売り出した。これは、ＡｐｐｌｅⅠから大きな進化をとげ、カラーで高解像度のグラフィック、サウンド機能、内蔵のプログラミング言語を備えていた。

ウォズが今持てるすべてで設計した、力作である。

一方、ジョブズは、家電製品を思わせるプラスチック製の美しいデザインにこだわった。さらに、カバーを工具なしで開けられ、コンピュータの内部へ簡単にアクセスできるように工夫した。

これが大ヒットとなり、ＡｐｐｌｅⅡの成功により、ジョブズとウォズは、コンピュータの世界でトップの座につくことになった。

１９８０年、アップル・コンピュータは株式を公開し、ジョブズは2億ドルを手にして、世界の長者番付に名を連ねた。


だが……。

「なんで僕を開発室から追い出すんだ！　リサは、僕が開発しているマシンじゃないか！」

ジョブズは、リサという新しいコンピュータの開発チームから、追い出されてしまった。

これに腹を立てたジョブズは、会社中あたりちらし、誰《だれ》かれ構《かま》わず噛《か》みついた。

アップル・コンピュータでは、AppleⅡに続く新型のコンピュータの開発を急いでいたが、こだわるジョブズのせいで、なかなか前に進まなかった。

コンピュータの真の王者、IBMが、とうとうマイクロ・コンピュータの世界に参入してきたことも原因の一つだった。ジョブズは、既得権《きとくけん》を持つ、強大なIBMを敵視《てきし》した。IBMに負けじと、ジョブズはやっきになった。

細部まで異常なほどこだわり、開発メンバーをひどくののしり、膨大《ぼうだい》な開発費を要求した。

「自由なイノベーションとクリエイティブ精神《せいしん》を持つんだ！　そして美しく、完璧《かんぺき》な製品を目指すんだ！　その努力ができない者は、この部屋から出ていけ！」

ジョブズの態度と強いこだわりは、会社の経営《けいえい》を圧迫《あっぱく》するようになっていた。

そのうえ、いつのまにかウォズとも疎遠《そえん》になってしまった。

1985年には、ジョブズの知らないうちに、ウォズはアップル・コンピュータを去っていた。ウォズがいないことに気が付いて、あわてて電話をかけたジョブズに、ウォズは言った。

「面白いことをしていたいんだ。お尻《しり》をたたかれて、働かされるなんていやだ」

唯一無二《ゆいいつむに》の相棒《あいぼう》だったジョブズとウォズの間には、埋《う》められない溝《みぞ》ができてしまっていた。「リサ」の開発チームから追い出され、相棒を失ったジョブズが、孤独《こどく》な戦いのうちに作り上げたのが、「マッキントッシュ」だった。

この「マッキントッシュ」に、ジョブズはゼロックスのパロアルト研究所で見た、マウスの技術を盗《ぬす》んで採用した。ゼロックスでは、この技術の価値を分かっているのは数人の開発者だけで、実機に採用される様子はなかった。それをいいことに、ジョブズは悪びれもせず言った。

「すぐれた芸術家は、盗むのさ」

コミュニティ・カレッジの講堂《こうどう》の薄暗《うすぐら》いステージの上で、ジョブズは黒のスーツの襟《えり》を正し、若緑色の蝶《ちょう》ネクタイを直した。いよいよ、マッキントッシュを紹介《しょうかい》する時が来たのだ。

「今、我々には、革新的《かくしんてき》なコンピュータが必要です。それは『マッキントッシュ』に他なりません」

ジョブズは、そう言うと、ステージ上のテーブルに置かれたバッグのジッパーを開けた。中から取り出したのは、モニターと一体型の小さなコンピュータだった。

会場は静まりかえった。コンピュータと言うには、ややかわいらしすぎる姿に見えたからだ。この小さなマシンに一体何ができるのか、皆が注目していた。

ジョブズは胸ポケットからフロッピーディスクを取り出して、ニヤッと笑い、それからマッキントッシュのスロットに入れた。

画面に「Ｍａｃｉｎｔｏｓｈ」の文字が流れ、様々なソフトウェアが表示されていく。ペイントソフト、表計算ソフト、ワープロ、ワープロで使える多数のフォント、チェスのゲーム……。

それを見た会場からはどよめきの声が上がった。会場の誰もが、「このマシンが次　　」と思った。

「では、このマッキントッシュ——Mac《マック》に、自己紹介してもらいましょう」

ジョブズがそう言ってマウスのボタンをクリックすると、Macがしゃべりだした。

「ハロー、私はマッキントッシュです。袋《ふくろ》から出してもらえて、嬉《うれ》しいです」

次の瞬間《しゅんかん》、会場は拍手《はくしゅ》と歓声《かんせい》に包《つつ》まれ、マッキントッシュの声がかき消されそうなほどだった。

それまでの緊張《きんちょう》の糸が切れて、ジョブズは、こっそり涙《なみだ》をぬぐった。


しかし、華々《はなばな》しくデビューしたマッキントッシュだったが、思ったほど売れなかった。

ゼロックスのパロアルト研究所を辞《や》めて、自身の活動をしていたアラン・ケイは、この頃にはアップル・コンピュータの名誉《めいよ》研究員を務めていた。

マッキントッシュの評価を求められたケイは、ジョブズに次のような辛辣《しんらつ》なメモを渡した。

「ーリットルのガソリンしか入らないホンダの車。角の店までセロリを買いに行くくらいしかできない。日本人なら、こんなアンバランスなものは工場から出さないだろう。だが、最初のパーソナル・コンピュータだ」

これにジョブズは激怒したが、これは、「パーソナル・コンピュータ」という概念《がいねん》を生み出した張本人であるケイからの、最高の賛辞《さんじ》だった。

残念ながら、ジョブズが理想とするマッキントッシュには、まだ技術が追いついていなかった。

だが、このマッキントッシュ以後、すべてのコンピュータはマウスとキーボード、そしてモニターを持ち、ソフトウェアをウィンドウで表示するようになった。

　確かに、ジョブズは、コンピュータの世界を変えた。

　しかし、そのことを誰もが理解したのは、何年も後のことだった。

　１９８５年、誰もがジョブズの才能を理解してはいたが、目に余るその態度や、会社の人間関係をぶち壊《こわ》すような行動、ジョブズが注ぎ込む際限《さいげん》のない開発費が問題視され、取締役会《とりしまりやくかい》の全員一致《ぜんいんいっち》で、ジョブズは、アップルを追放された。


　このときのショックは、ジョブズを根底から変えた。

——人生は、ときに、ブロックで頭を殴《なぐ》られるようなことが起こる。僕にとって、今がまさにその時だ……。

　そんな時、ジョブズを慰《なぐさ》めたのは、インテルの創業者《そうぎょうしゃ》、ロバート・ノイスだった。

　ノイスからは、昔、シリコンバレーがまだシリコンバレーと呼《よ》ばれる前の、自由で奔放《ほんぽう》な、あの素晴らしい時代の匂《にお》いがした。

「アイデアや技術に限界はないよ。アップルを出たからって、何もできなくなったわけじゃないだろう?」

　ノイスの言葉でふたたび立ち上がったジョブズは、新しい会社「ＮｅＸＴ」を作り、アニメ会社「ピクサー」を成功させた。

科学の先駆者たち

❶宇宙を目指した人々
❷病気と闘った人々
❸星の謎に挑んだ人々
❹生命の不思議に魅せられた人々
❺コンピュータ社会を創った人々

コンピュータで、何が起こるのだろう？　何を起こせるのだろう？

ホッパーなら、誰かに確認する前にやってしまえばいいのよ、と言うだろう。

私たちの日常にコンピュータが欠かせない存在となった現在でも、コンピュータ世界はまだ完成してはいない。未知の可能性を秘め、進化を続けている。

なぜなら、ケイが考えているように、コンピュータの「本当の使い方」は、まだ発明されていないのかもしれないのだから。

一方のアップルコンピュータは、マイクロソフト社の「Ｗｉｎｄｏｗｓ」の登場で経営不振《けいえいふしん》に拍車《はくしゃ》がかかり、どうしようもなくなっていた。そしてようやく、アップルに最も必要な部品が何だったかに気がついた。

スティーブ・ジョブズ。

アップルの魅力《みりょく》のほとんどは、彼、そのものだった。

１９９６年。追放からおよそ10年が過ぎていた。41歳になったジョブズは、アップルに復帰した。復帰後、ジョブズが世に送り出した製品は、どれも次々と世界を変えていった。

カラフルなマッキントッシュは、パーソナル・コンピュータが一般《いっぱん》に普及《ふきゅう》するきっかけをつくった。また、デジタル音楽プレイヤー「ｉＰｏｄ」は、人々と音楽をより深く結びつけ、音楽業界のあり方を変えた。そして、「ｉＰｈｏｎｅ」は、社会の中の電話の役割を変え、通信業界を変え、人々のライフスタイルや思考まで変えた。

ジョブズとウォズが信じたように、コンピュータは、世界を変える力を持っている。そして、ムーアが予言《よげん》したように、コンピュータはすさまじい速度で進化し続けている。

現在開発され始めている量子コンピュータは、今までのコンピュータとはまったく違う構造を持つ。それはいつか、再び世界を変えるかもしれない。チューリングやノイマンが目指した、人工の脳《のう》を超えるかもしれない。

ジョブズはそれを聞くとがっかりして、肩《かた》をすくめた。

「それでできることが、簡単なゲームと、ちょっと難しい計算くらいじゃ、話にならないじゃないか」

「でも、ミニ・コンピュータの現状が分かったのは、すごくいいことさ。そして、一番の収穫《しゅうかく》は、カナダの会社が作ったマイクロプロセッサー・チップの技術仕様書が手に入ったことなんだ。インテルのマイクロプロセッサー・チップ８００８を複製《ふくせい》したチップで、ほとんど同じだ。僕は、その技術仕様書を見て、まじかよって思った」

ジョブズが、「何が？」と続きをうながすと、ウォズはにやりと笑って言った。

「覚えてる？　僕が作ってたクリームソーダ・コンピュータ」

ウォズは、古い友人を思い出すかのように、懐かしそうに目を細めた。ジョブズも、もちろん覚えている。それがきっかけで、ジョブズとウォズは友だちになったのだ。ジョブズは答えた。

「ああ、ビル・フェルナンデスと作ってたやつだろ。あいつに、天才と組んでミニ・コンピュータ作ってるから見に来いって言われて、興味津々《きょうみしんしん》であいつんちに行ったんだ。ビルに、そいつは小さい時からいろんな賞《しょう》をとってて、ＩＱも２００あるって聞いてたから、どんなガリ勉かと思ったら、ヒッピーみたいなやつがガレージでクリームソーダ飲んでた。それで、こいつ、クールだって思ったよ」

「そうそう、いつもビルとクリーム・ソーダ買ってきて飲んでた。だから、クリームソーダ・コンピユータって呼《よ》んでたんだ。ビルは、僕に『すごい奴がいるから、そいつに完成したコンピュータを見せてやりたい』って言って、君をつれてきたんだ。僕は初対面とか超苦手だから、ほんとは緊張《きんちょう》してた」

「でも、僕ら、あっというまに意気投合した。お互《たが》いいたずらの天才で、エレクトロニクス好きとくればね」

「僕が回路の設計の話をしたら、君はすぐ理解してくれて、すごくうれしかったよ」

「こっちもさ」

ジョブズとウォズは、顔を見合わせて笑った。

「で、本題に戻《もど》るけど……実は、今回もらったカナダ製のマイクロプロセッサー・チップの仕様書を読んで、すぐわかったんだ。あのときの僕が作ったクリームソーダ・コンピュータの設計と、まるで同じものだって！」

「ど、どういうことだよ？」

「違う点といったら、僕のコンピュータは、アタリのゲーム機みたいに、複数のハードウェアで処理をするようになっていたことさ。つまり、マイクロプロセッサーってのは、一つのチップで、複数のハードウェアと同じことを実現するものだったんだ」

「なるほどね！」

「原理はまるっきり一緒だから、一瞬《いっしゅん》にして、僕はマイクロプロセッサーのすべてを理解できた」

参考文献

【コンピュータ社会を創った人々】

『パスカル』（野田又夫 著、岩波新書）

『パスカル伝』（田辺保 著、講談社学術文庫）

『パスカルの信仰　パスカルとわたし』（田辺保 著、教文館）

『パンセ　数学的思考』（吉永良正 著、みすず書房）

『図説　フランスの歴史』（佐々木真 著、河出書房）

『バベッジのコンピュータ』（新戸雅章 著、筑摩書房）

『計算機の歴史』（ハーマン H.ゴールドスタイン 著、共立出版）

『計算機歴史物語』（内山昭 著、岩波新書）

『チューリングを読む』（チャールズ・ペゾルド 著、日経BP社）

『チューリング』（B.ジャック・コープラン 著、NTT出版）

『エニグマ アラン・チューリング伝（上・下）』（アンドルー・ホッジス 著、勁草書房）

『ノイマン・ゲーデル・チューリング』（高橋昌一郎 著、筑摩書房）

『コンピュータに記憶を与えた男』（ジェーン・スマイリー 著、河出書房新社）

『ノイマンとコンピュータの起源』（ウィリアム・アスプレイ 著、産業図書）

『フォン・ノイマン 3』（廣島文生 著、現代数学社）

『フォン・ノイマンの哲学　人間のふりをした悪魔』（高橋昌一郎 著、講談社現代新書）

『グレース・ホッパー』（ローリー・ウォールマーク 著、岩崎書店）

『Grace Hopper and the Invention of the Information Age』（Beyer. Kurt W.著、Lemelson Center Studies in Invention and Innovation series Book 4）

『インテルとともに　ゴードン・ムーア私の半導体人生』（ゴードン・ムーア 述、玉置直司 取材・構成、日本経済新聞社）

『インテル　世界で最も重要な会社の産業史』（マイケル・マローン 著、土方奈美 訳、文藝春秋）

『アラン・ケイ』（アラン・C. ケイ 著、鶴岡雄二 訳、アスキー）

『スティーブ・ジョブズ（上・下）』（ウォルター・アイザックソン 著、井口耕二　訳、講談社）

『アップルを創った怪物』（スティーブ・ウォズニアック 著、井口耕二 訳、ダイヤモンド社）

『スティーブ・ジョブズ　グラフィック伝記』（ケヴィン・リンチ 著、明浦綾子 訳、実業之日本社）

『スティーブ・ジョブズ　青春の光と影』（脇英世 著、東京電機大学出版）

『スティーブ・ジョブズ（II・III・IV）』（脇英世 著、東京電機大学出版）

『スティーブ・ジョブズ1995ロスト・インタビュー』（講談社）

※そのほか、多くの書籍、論文、Webサイト、新聞記事、映像を参考にさせていただいております。

NDC280

科学の先駆者たち

5 コンピュータ社会を創った人々

Gakken 2023 262P 22cm
ISBN 978-4-05-501401-4

2023年2月28日 第1刷発行

発行人 土屋徹
編集人 芳賀靖彦
企画・編集 目黒哲也
発行所 株式会社Gakken
〒141-8416 東京都品川区西五反田2-11-8
印刷所 大日本印刷株式会社
DTP 株式会社 四国写研

●お客様へ
[この本に関する各種お問い合わせ先]
○本の内容については、下記サイトのお問い合わせフォームよりお願いします。
https://www.corp-gakken.co.jp/contact/
○在庫については TEL03-6431-1197(販売部)
○不良品(落丁・乱丁)については TEL0570-000577
学研業務センター 〒354-0045 埼玉県入間郡三芳町上富279-1
○上記以外のお問い合わせは TEL0570-056-710(学研グループ総合案内)

科学の先駆者たち

❶宇宙を目指した人々
❷病気と闘った人々
❸星の謎に挑んだ人々
❹生命の不思議に魅せられた人々
❺コンピュータ社会を創った人々